Raffael Boriés

STERBEBEGLEITUNG

Eine einfühlsame Anleitung für
Angehörige, Pflegende und Hospizbegleiter

Raffael Boriés

Sterbebegleitung

Eine einfühlsame Anleitung für
Angehörige, Pflegende
und Hospizbegleiter

Crotona

Die Empfehlungen dieses Buches wurden vom Autor und Verlag nach bestem Wissen erarbeitet und überprüft. Dennoch kann eine Garantie nicht übernommen werden. Weder der Autor noch der Verlag können für eventuelle Nachteile oder Schäden, die aus den im Buch gelieferten Hinweisen resultieren, eine Haftung übernehmen.

Deutsche Originalausgabe
1. Auflage 2022

Kammer 11 • D-83123 Amerang
www.crotona.de

Umschlaggestaltung: Annette Wagner unter Verwendung von:
shutterstock.com | BlueBackIMAGE (1918663856)

ISBN 978-3-86191-247-7

Druck: CPI • Ulm

Die Frage von Leben und Tod ist bedeutsam,
drum karge mit der Zeit!
Sei stets hellwach und voll Besonnenheit
und lass dich nicht gehen.

Abendlicher Spruch in japanischen
Klöstern vor dem Schlafengehen

Inhalt

> Die hohen Ideen des Wahren, des Guten und des Schönen machen den geistigen Wert des Menschen aus. Es sind die Grundprinzipien allen Seins und alles Seienden.

Einleitung

Die Auseinandersetzung mit der Sterblichkeit scheint vielen Menschen die letzte große Herausforderung des Lebens zu sein. Menschen wissen ihr ganzes Leben lang, dass sie sterben werden. Wenn in unmittelbarer Nähe jemand schwer erkrankt ist und im Sterben liegt, berührt es jeden. Vor allem in einer persönlichen Beziehung zu dem Menschen gehen das Sterben und der Tod nahe. Als wenn ein Teil mitstürbe, der mit dem Sterbenden verbunden war. Der Umstand des Sterbens stellt das Weltbild des Menschen infrage. Es ist eine Aufforderung, sich auf die eigene Beziehung zum Leben und sich selbst zu besinnen.

Bereits der Anfang des Lebens deutet mit der Geburt auf das Ende hin. Jeden Tag werden über Hunderttausende geboren. Ebenso kehren unzählige Menschen über den Sterbeprozess wieder in den Bereich zurück, aus dem sie gekommen sind. Das Ende ist der Übergang in einen neuen Anfang. Im Sterben vollendet sich ein Leben.

Mit dem Begriff „Sterben" wird allgemein das Ende des Körpers und des persönlichen Lebens auf Erden bezeichnet. Diese Sichtweise reduziert das Menschsein auf biologische Vorgänge, dadurch wird der Tod etwas Endgültiges.

Das Sterben selbst ist mehr als der letzte wahrnehmbare Atemzug, mehr als das Aufhören des Herzschlags und das Schwinden der Hirnaktivitäten. Was geschieht detailliert im Sterbeprozess? Viele möchten mehr wissen, weil sie erste Erfahrungen in der Begleitung von Sterbenden gemacht haben.

Die meisten Menschen verfügen jedoch über keine Kenntnisse vom Ablauf des Sterbens. Die heutige Gesellschaft spiegelt diese Auseinandersetzung mit dem Thema Sterben wider.

Im fortgeschrittenen Alter eines Menschen ist damit zu rechnen, dass er sterben wird. Eventuell kommt es zu überraschenden Ereignissen, sodass keine Vorbereitung und kein Begleiten des Sterbenden mehr möglich sind. Oder es taucht eine lebensbedrohliche Krankheit auf, die im weiteren Verlauf der Erkrankung in einen Sterbeprozess übergeht.

Sterbebegleitung hat in den letzten Jahrzehnten in der westlichen Welt mehr Aufmerksamkeit und Bedeutung bekommen. Es gibt viel Literatur und große Bemühungen, um Sterbende zu begleiten. Die Entwicklung in der Palliativmedizin und den Hospizen ist erwähnenswert, sie findet in der Gesellschaft immer mehr Anerkennung. Zu Hause im Kreis der Familie erhoffen sich Menschen ebenfalls ein würdiges Begleiten des Sterbenden. Das erfordert Zeit und Zuwendung. Aber diese Zeit ist sowohl für Sterbende als auch für den Begleiter wertvoll.

So einzigartig das Leben eines jeden Menschen ist, so ist auch sein Sterben. Die Vorgänge dabei sind natürlich, aber jedes Sterben ist individuell. Der Grundgedanke einer guten Sterbebegleitung würdigt das Leben als Ganzes, den Beginn und das Ende als bedeutende Übergänge.

Nähern wir uns dem Wesen des Menschen, so stellen wir fest, dass er über den Verstand hinaus noch über weitere Bewusstseinsaspekte verfügt. Die Begriffe *Seele* und *Höheres Bewusstsein* sind nur Konzepte feinstofflicher Energieformen, dafür gibt es keine Beweise. Dennoch berichten Menschen auf der ganzen Welt über Erfahrungen einer Seelenexistenz und individueller Bewusstseinserlebnisse. Das deutet auf feinstoffliche Energiefelder hin.

Für unsere Betrachtungen des Sterbebegleitens ist es gut zu wissen, dass der Tod nicht das Ende des menschlichen Energiefeldes ist, denn der Mensch endet nicht an seinen äußerlich sichtbaren Grenzen.

Mein Anliegen ist es, den Übergang im Sterben besser verständlich zu machen. Ich möchte den phasenartigen Sterbeablauf in Bezug auf die Elemente näher beschreiben, damit Begleiter mehr Hilfen zum Erkennen des sich ankündigenden Todes erhalten. Die fünf Wandlungsphasen der östlichen Betrachtung, wie beispielsweise in der altchinesischen Medizin, beschreiben die einzelnen Elemente sehr genau und können nicht nur in Bezug auf den Heilungsprozess angewendet werden. Alles, was sich wandelt, bietet in sich auch heilende Möglichkeiten. Jedes Element enthält Informationen und birgt zu jedem Zeitpunkt der Existenz alle benötigten Qualitäten und Energien, demzufolge auch für den Sterbeprozess.

Machen wir uns gleich zu Anfang klar: Sterben ist eine natürliche Wandlung in eine andere Sphäre.

Eine meiner wichtigsten Quellen, die mich die letzten Jahre für meine Arbeit in der Sterbebegleitung inspiriert hat, ist neben der chinesischen Medizin und der Quantenphysik das *Bardo Thödol*, bekannt als tibetisches Totenbuch. Die eigentliche Übersetzung des tibetischen Begriffs „Bardo Thödol“ lautet „Befreiung durch Hören im Zwischenzustand“. Das Buch wird gewöhnlich rezitiert und erinnert den Sterbenden daran, dass es nur der physische Körper ist, der stirbt. Das Bewusstsein dagegen existiert weiter und geht in höhere Zustände ein. Wenn von Zwischenzustand gesprochen wird, so verweist es darauf, dass von etwas Vergänglichem gesprochen wird, aber auf ein erweitertes Bewusstsein als Endziel hinweist.

In der Sterbebegleitung geht es vor allem darum, den Sterbenden gut durch die sich verändernden Bewusstseinszustände zu führen. Dafür sind Wissen, Anweisungen und genauere Erläuterungen der Phasen des Sterbens nötig.

Wir brauchen eine zeitgemäße Übertragung alten Wissens auf unser heutiges Weltbild, in einer verständlichen Sprache. Ich glaube, dass es für eine spirituelle Sterbebegleitung vieler ergänzender und erweiternder Sichtweisen bedarf, die nicht besser sein wollen, aber sich ergänzen dürfen.

> Glücklich der Mensch, der seinen Nächsten
> trägt in seiner ganzen Gebrechlichkeit,
> wie er sich wünscht, von Jenem getragen zu werden,
> in seiner eigenen Schwäche.
>
> Franz von Assisi

Grundlagen für eine seelsorgerisch-spirituelle Sterbebegleitung

Voraussetzungen und Erfordernisse

Das Begleiten von Menschen im Prozess des Sterbens ist eine besondere und herausfordernde Aufgabe. Sterben ist keine Krankheit, aber es kann infolge einer Erkrankung oder durch andere unnatürliche Umstände dazu führen.

Wenn früher ein Mensch starb, wurde in der Regel der Seelsorger gerufen und der Sterbende im Kreise der Angehörigen zu Hause begleitet. Heutzutage haben wir dafür viele wertvolle Einrichtungen, wie Hospize und Palliativstationen und nur noch selten stirbt der Mensch begleitet zu Hause.

Das Sterben kann uns als Angehörige überraschen, wenn der Tod unerwartet eintritt. Oder er zieht sich über Wochen und Monate hin, mit einem langsamen Schwachwerden und einem natürlichen körperlichen Abbau. Dann braucht es Einfühlung und Verständnis für die Phasen des Sterbeablaufs. Es tauchen Fragen auf: Wann wechselt der Prozess des körperlichen Abbaus in die beginnenden Sterbephasen? Wie ist das zu erkennen? Was ist im Praktischen zu tun, und wie kann man dennoch den gesamten Ablauf respektvoll und der jeweiligen Situation angepasst begleiten?

Im Begleiten dürfen wir den Blick für das Ganze nicht verlieren. Nicht allein die moderne Medizin, sondern auch die Wissenschaften und ein Großteil der Menschen neigen zur Vernachlässigung des Ganzheitlichen, sie sind nur auf einen Teil des Sterbens, meistens den körperlichen, fixiert.

Das Ganze beschränkt sich nicht nur auf den Körper. Ratsamer wäre es, die Krankheit und deren Entstehung sowie die Gesundheit im Zusammenhang eines Organisch-Energetischen, aber auch eines Seelisch-Sozialen zu sehen. Ebenso ist es gut, das Sein des Menschen, sein Werden und Vergehen in Beziehung zur Natur und im Zusammenhang mit den global-planetarischen Gesetzmäßigkeiten zu betrachten. Alles gehört zusammen, bewirkt und beeinflusst sich gegenseitig.

In der Sterbebegleitung haben wir es mit dem Körperlich-Seelisch-Geistigen des Menschen zu tun, mit der Gesamtheit seines Lebens, sowohl mit seinem sozialen Umfeld als auch mit seinem inneren Leben. Wir begleiten im Sterben das Herauslösen des Menschen aus seiner körperlichen Umhüllung in einen geistigen Zustand.

Die Basisanforderungen an einen Begleiter:

- Er sollte eingestimmt sein, Andacht, Respekt, Ehrung und Achtung für die Person und die Zeit des Begleitens haben.
- Bis zu einem gewissen Grad braucht er Informationen und Wissen über die Gesetzmäßigkeiten des Sterbeprozesses. Das Begleiten sollte nicht nur professionell sein, sondern auch menschlich.

- Er benötigt eine Offenheit zum geistigen Aspekt, zum Seelenteil des Menschen, denn er wird weitaus mehr als nur einen äußeren Menschen begleiten. Das bedingt ebenso die eigene Wahrnehmung seines geistigen Bereiches. Achtsamkeit und meditatives Einstimmen sind zweifellos die Basis für ein gutes Begleiten.
- Im Prozess des Begleitens wird der Betreuer auch von einer geistigen, unsichtbaren Seite begleitet. Hilfreich ist es, wenn dies wahrgenommen werden kann. Daraus können Vertrauen wie auch Sicherheit entstehen. Gelassenheit im steten achtsamen Gewahrsein ist ein wichtiger Bestandteil eines langen Begleitens. Gerade wenn sich das Sterben über längere Zeit hinzieht, braucht der Begleiter viel Geduld und innere Einsicht. Der Blick sollte sich über die Schwelle des sichtbaren Lebens öffnen. Es mag ein gedachter theoretischer Übergang sein, aber es gibt viele Erlebnisse in der Begleitung von Sterbenden, in der ein transzendenter Zustand des Lebens erfahrbar wird.
- Das Gebet erweist sich als ein wichtiges, lebendiges Kommunikationsmittel mit und zu den höheren Bereichen des Lebens.
- Sein Tun, Wirken und Begleiten sollten immer im Hinblick auf den Übergang gerichtet sein. Jeder Moment ist wichtig und gleichzeitig ein Teil des gesamten Ablaufs. Möge das der Begleiter nicht aus dem Bewusstsein verlieren.
- Das Begleiten Sterbender ist nicht immer nur an örtliche Anwesenheit gebunden. Wenn es gelingt, eine Verbindung zum geistigen Herz aufzunehmen, dann ist es jederzeit möglich, mit gedanklicher Einstimmung in Kontakt mit dem Sterbenden zu treten.

In der Sterbebegleitung kommen einige Bereiche zusammen. Es gibt eine sozial-gesellschaftliche Komponente sowie eine energetische und eine spirituelle Ebene.

Seelsorgerische Sterbebegleitung ist keineswegs nur ein umfassendes Angebot für den Kranken, sondern auch für die Angehörigen. Selbst im Krankenhaus braucht das Pflege- oder Hospizpersonal Unterstützung, um mit allen Umständen und Erfordernissen gut umgehen zu können. Vielfach gibt es heute bereits Angebote, um allen Fragen und entstehenden Situationen gerecht zu werden. Doch es gibt immer wieder Zeiten, in denen die Begleiter aus den verschiedensten Gründen heraus überfordert sind, wie beispielsweise Personalmangel oder die eigene vertiefte Auseinandersetzung mit der Sterblichkeit und den damit berührenden Fragen.

Die Befähigung zur Sterbebegleitung

Wenn ein Mensch sich im Sterben befindet, wird oft ein Arzt gerufen. Zum einen, weil der Sterbeprozess als solcher oft nicht erkannt wird, zum anderen, weil der Angehörige denkt, dass ein Sterbeprozess umzukehren wäre. Es wird ein Arzt gerufen statt eines Priesters, eines Seelsorgers oder einer entsprechend geschulten Sterbebegleitung.

Sterben ist keine Krankheit, es ist ein natürlicher Ablauf.

Eine gute Sterbebegleitung ist weit mehr als die Krankenpflege in der letzten Phase des Lebens. Sie setzt im Grunde ab dem Zeitpunkt ein, wenn absehbar ist, dass ein Mensch sterben wird. Auch kann sie in den Momenten gefragt sein, wenn ein Mensch mit einer auftretenden Erkrankung konfrontiert ist, die sich dann durch die weiteren Diagnosen und Abklärungen des Arztes in ein belastendes Krankheitsbild wandelt wie beispielweise Krebs. Plötzlich steht der Mensch in der mentalen Auseinandersetzung mit dem Willen zum Leben und der Möglichkeit, auch sterben zu können.

Es sind in einem schweren Krankheitsfall immer diese *zwei Fragen*, die Menschen sich oder dem Arzt stellen: Wird die Krankheit zum Tode führen, und wie viel Zeit bleibt mir eventuell noch? Diese Fragen können selten klar beantwortet werden.

Eine wichtige Zwischenbemerkung: Nahe Angehörige, im Wissen um das eventuelle baldige Ableben ihres zu betreuenden Mitmenschen, treten bereits jetzt in die *erste Phase der Trauerbewältigung* ein.

Das bedeutet für die seelsorgerische Sterbebegleitung, dass der Angehörige auch immer unter diesem Aspekt begleitet und unterstützt werden sollte. Gerade Menschen, die ihre sterbenden Angehörigen zu Hause pflegen und betreuen, sind durch den emotionalen Aspekt der noch nicht wahrgenommenen Trauerbewältigung beeinträchtigt und können schnell überfordert sein.

Die Bewältigung der Trauer endet oft erst lange Zeit nach dem Ableben des Angehörigen, erst dann, wenn der Trauernde wieder in seinen Lebensalltag zurückgefunden hat.

In Bezug auf die Sterbebegleitung sollte es immer darum gehen, die Lebensqualität des Betreffenden zu verbessern, das gilt insbesondere für Angehörige, die oft über keine Erfahrung verfügen. Generell ist zu empfehlen, sich mit dem begleitenden Arzt oder Therapeuten abzustimmen, um so die Begleitung zu optimieren. Gutes Begleiten ist Teamarbeit.

Das Maß an Sterbebegleitung geht immer mit der eigenen Auseinandersetzung mit dem Sterben, beziehungsweise mit dem Leben als Ganzes, einher. Ein Sterbender ist in jeder Hinsicht dem Begleiter einen Schritt, oftmals mehrere Schritte, voraus, denn er befindet sich bereits im Prozess. Dennoch benötigt er Zuwendung und verständnisvolle Anleitung.

Fühlt sich der Begleiter mit einer geistigen Ebene verbunden, kann dies ein wesentlicher Beitrag zum Verlauf und zum Übergang werden. Daraus schöpft sich viel mentale Kraft für das Begleiten. Hinzu kommen Erfahrungen, ein ganzheitlicher Ansatz, ein genügendes Maß an Hilfsmitteln und vertieftes Wissen, was Sterben bedeutet. Sterben ist:

- ein Übergang,
- ein Hinübergehen,
- eine Ablösung und Wandlung,
- eine wirkliche unsichtbare Metamorphose.

Hierfür benötigt der Begleiter:

- Dasein, Präsenz und Abstand
- Respekt und Würde
- Anteilnahme
- Gefühl, Mitgefühl und Empathie
- Kommunikation
- Begleiten, Stille und Vertrauen
- Gewahrsein und Verbundenheit
- Geduld, Disziplin und Herzensweite

Das sind einige der Qualitäten, die sich nicht gleich zu Anfang des Begleitens einstellen. Hinzu kommt der ständige Prozess des Lernens. Der Begleiter benötigt die Fähigkeit einer eigenen Urteilsbildung als Unterstützung für seine Arbeit.

Die Begleitung von Sterbenden, von Kranken oder Bedürftigen ist jedes Mal aufs Neue eine große Herausforderung. Auch wenn man der Meinung sein kann, dass eine lange praktische Erfahrung Sicherheit gibt, so ist jedes Begleiten eine individuelle, einmalige Erfahrung. Wachheit und Offenheit für alle Aspekte sind notwendig sowie Interesse und die Neugierde für alle Bereiche des Menschseins.

Man kann nicht alles wissen, aber sich für vieles interessieren.

Durch die nötige *Selbstreflexion* und durch eine immer wieder geübte *Auseinandersetzung* mit diesen Übergangsprozessen, insbesondere mit den Fragen „*Was ist der Sinn des Lebens*" und „*Was ist Leben*", erhält man ein gutes Rüstzeug, ein Werkzeug, einen Schatz für das eigene Leben.

Wir begleiten sterbende Menschen. Wir stellen fest, dass der Mensch im Mittelpunkt steht, dieser Mensch *ist* der Begleiter, der Ausübende, *als Erfahrender selbst.*

Der Fokus liegt auf der Begleitung eines sterbenden Menschen, und er ist abhängig vom eigenen Engagement und der Auseinandersetzung mit sich selbst, mit seiner *Authentizität* und *Wahrhaftigkeit.*

Angehörige als Begleiter

Angehörige sollten sich immer bewusst sein, dass ihr Anteil an der Begleitung ein sehr wichtiger Bereich in der Betreuung des Sterbenden ist. Das bedeutet auch, sich bewusst zu sein, welche Herausforderungen und Veränderungen im Alltag, belastende, aber auch schöne und einmalige Erfahrungen das mit sich bringt. Diese Überlegungen sind wichtig, wenn der verständliche Wunsch besteht, den Sterbenden nach Hause zu holen.

Früher war es noch normal, zu Hause zu sterben. Eine Familie versorgte und begleitete den Sterbenden bis zum Ende. Heute ist das Sterben zu Hause eher eine Ausnahme. Dank der Pflegeversicherung können sich wieder mehr Familien leisten, ihre Sterbenden zu Hause bis zum Schluss zu pflegen. Die ambulanten Pflegedienste mit gut ausgebildetem Personal, können in Zusammenarbeit mit den Angehörigen den Menschen rundum betreuen und versorgen.

Mit guter fachlicher Beratung kann bereits früh geklärt werden, ob wirklich alle Erfordernisse und auch die auftretenden Belastungen übernommen werden können. Ein Lebensende in vertrauter Umgebung ist sicherlich möglich, braucht jedoch ein gutes Versorgungsnetzwerk. Eine pflegerische und versorgende Betreuung muss gewährleistet sein.

Für den Angehörigen ist es eine Zeit wie in einer Blase, egal ob zu Hause, stationär oder in einem Hospiz begleitet wird; das Tun und Denken aller Beteiligten ist auf dieses Begleiten ausgerichtet. Das fühlt sich wie eine Isolation an, weil sich alles um den Sterbenden dreht. Die Angehörigen brauchen in diesen herausfordernden Zeiten Mithilfe, gezielte Unterstützung, Geborgenheit, Lebensqualität und Lebensfreude, damit sie die bereits auftauchende Trauer verarbeiten und die vielen überraschenden Phasen im Sterbeprozess verstehen können.

Als Begleiter erlebe ich immer wieder, gerade wenn eine Betreuung für den Angehörigen schon viele Wochen oder gar Monate andauert, dass sich Resignation und mentale Ermüdung einstellen. Oft werde ich dann gefragt, was in einer Sterbebegleitung noch getan werden könnte. Dann sind die oben angesprochene Hingabe und Geduld, aber auch Gelassenheit im Tun wichtige Faktoren; denn die Abläufe gleichen sich.

Ist der Sterbende im Krankenhaus, besucht man ihn immer wieder, jeden Tag, wochenlang. Man begrüßt sich, begegnet sich, fragt den Status ab, der oft keine großen Veränderungen aufzeigt.

Selbst Sterbebegleiter werden herausgefordert, wenn der pflegerische Teil vom Fachpersonal übernommen wird, der Betreuer still dabeisitzt und dann die Frage aufkommt, wie achtsam der Dienst des Begleitens gestaltet werden kann. Aus meiner Erfahrung und Wahrnehmung heraus sind die folgenden Bedürfnisse des Sterbenden wichtig:

- Er hat körperliche Bedürfnisse, aber benötigt ebenso Berührung und Nähe. Hierfür ist ein Gespür seitens der Betreuenden nötig, etwas zu tun, aber auch die Wahrnehmung, wann etwas zu viel sein kann. Der Sterbende braucht Phasen der Unterhaltung, aber auch des Alleinseins und der Stille. Auf der körperlichen Ebene sind vor allem freier Atem, Wärme, Schlaf, Körperhygiene, Nahrung und Flüssigkeit erforderlich. Auf der geistigen Ebene ist es die Anregung der Sinne, dies jedoch in Maßen. Oft werden zu viele Blumen und Süßigkeiten gebracht oder Leckereien, die der Mensch einmal gern mochte.
- Ein stetes Gewahrsein ist nötig, und der begleitende Angehörige sollte sensibel und angepasst auf alle Wechselwirkungen reagieren, die sich im Zusammensein mit dem Sterbenden einstellen. Der Angehörige muss sich bewusst machen, ob er in der Lage

ist, stete Unterstützung zu geben oder ob er professionelle Hilfe benötigt. Wichtig: Der Angehörige kann nichts falsch machen, denn es ist ein einmaliger, neuer, herausfordernder Prozess des Begleitens.

- Spirituelle Bedürfnisse, wie etwa die Frage nach dem Sinn des Lebens und des Sterbens sind ein wichtiger Bereich. Hier ist es hilfreich, mit Gebeten und auch Vorlesen von inspirierenden Texten etwas anbieten zu können. Kommt der Mensch aus einem religiösen Kontext, kann man hier Unterstützung anbieten, aber ebenso kann ein Konflikt ausgelöst werden, der die Sinnhaftigkeit infrage stellt. Das benötigt gutes Zuhören und Zulassen. Viele Menschen bezeichnen sich nicht als religiös, haben aber dennoch Zugang zu einer spirituellen Ebene. Immer wieder erleben Begleitende, dass Menschen in einer weiteren Phase des Sterbens offen für spirituelle Themen werden.

Begleiten drückt sich in der Ganzheit des Lebens aus: Das Körperliche, Emotionale, Soziale und auch das Spirituelle des Menschen wird angesprochen. Manchmal ist für das Spirituelle ein starkes oder auch ein weniger offenes Bewusstsein vorhanden. Unausgesprochen ist es dennoch immer anwesend.

Zusammenfassend kann man sagen:

- Maß und Ausgangspunkt einer guten Sterbebegleitung ist der begleitende Mensch selbst.
- Eine gute Sterbebegleitung braucht nicht nur das Wissen um das Sterben, sondern vor allem sind es die sich stellenden Fragen: Was geschieht beim Sterbevorgang, wer stirbt und wie stirbt er; was stirbt und wohin geht (wandelt sich) der Sterbende?

Das Sterben und der Tod müssen nicht unergründlich sein, wenn wir den gesamtheitlichen Blick auf den Menschen, auf sein Wesen, auf sein Dasein und seinen geistigen Ursprung erweitern. Sterben und der Übergang sind dann Ereignisse in einer Erweiterung des Lebens.

Das Weltbild des Begleiters

Leben und Sterben

Wo ein Anfang ist, muss zuvor ein Ende gewesen sein. Da, wo sich ein Ende abzeichnet, kann es nur ein weiteres Sein geben. Nicht erst die Physik beweist in Lehrsätzen, dass nichts im Universum verloren gehen kann. Alles unterliegt einem stetigen Wandel. Leben hat keinen Anfang und kein Ende. Das Leben läuft rhythmisch und in linearer Bewegung ab. Sterben und der darauffolgende Tod sind ein Aufhören von sichtbaren Aktivitäten, ein Rückzug auf eine innere Ebene, das Hinübergleiten in einen anderen Lebenszustand.

Sterblich sein ist ein Teil unseres mitgegebenen Programms: Vergehen und verwandeln. Sterben gehört zum Erdenleben dazu. Es gehorcht bestimmten Bedingungen und Lebensgesetzen.

Der Tod ist ein wichtiges Ereignis in unserem Leben, genauso wie die Geburt. Leben und Tod sind scheinbare Gegensätze. Es ist aber dieselbe Lebensdynamik, auch wenn es zwei Aspekte sind. Wir bezeichnen den Beginn unseres Erdenlebens als Geburt und das Ende als Tod. Aber der Tod kann nicht das Gegenteil des Lebens sein. Das Leben steht jenseits des Todes, da es mit dem geistigen Urgrund verbunden ist, der unendlich, unfassbar, unbegreiflich ist.

Außerhalb aller Vorstellungen, aller Begriffe ist ein Zustand, den wir Gott oder Geist nennen, der das absolute Sein ist. Alles Sichtbare und Unsichtbare, die Vielfalt im Einzelnen, alle Dimensionen haben ihre Quelle in und aus dem einen Sein. Das drückt sich in immerwährendem Leben aus.

Leben ist in jeder Form zu finden, sei es in einem Atom, in einer Zelle, in Pflanzen, in Tieren, im Menschen, in Planeten, im Universum oder in nicht wahrnehmbaren Welten. Leben ist immer; was sich wandelt, sind die Ausdrucksformen.

Leben lässt sich nicht auf sichtbare, reagierende Daseinsformen, wie etwa im menschlichen Körper, begrenzen. Das ganze Universum, die Schöpfung, ist durchdrungen von Leben, ist selbst das Leben.

Was heißt Leben? Was heißt es, lebendig zu sein? Ist es die Leichtigkeit, ohne beschwerliche Einschränkungen? Ist es die Frage nach der Freiheit, im Leben alles zu tun, um glücklich zu sein? Definiert sich Leben nur an Sinneserfahrungen und im Erreichen eines wohlgefälligen Lebensoptimums?

Im Moment des Sterbens ist alles vorhanden, was der Mensch braucht. Es gibt sowohl die Erfahrungen von Frieden als auch von Fülle, Dankbarkeit und Gnade. Der Mensch erlebt, dass das Sterbegeschehen schlicht und einfach wird und in der Transzendenz des Augenblicks eine unsagbare Größe und Erhabenheit den Begleiter und den Sterbenden berühren. Mit innerer, ahnender Gewissheit könnte man es dem Göttlichen zuschreiben.

Im Sterben verliert der hinübergehende Mensch nichts, er gewinnt vielmehr das Universum zurück, seine geistige Heimat. Es öffnet sich eine Pforte, in die er geistig schon immer schauen konnte. Der Sterbende ist in eine höhere, erweiterte Erfahrung des Lebens eingetreten.

Ewig ist das Leben, nicht die individuelle Form.

Wenn der Mensch sich in einem religiösen Weltbild erlebt, trägt er damit auch Hoffnungsbilder in sich, die ihm helfen, mit der Frage des Sterbens besser umzugehen. Ein Mensch braucht geistige Inhalte, weil diese ihn an sein inneres Sein erinnern.

Begleiter können diese Überlegungen und Bedenken, selbst dann, wenn sie sie nicht in sich nachvollziehen können, einschließen. Als Sterbebegleiter ist es gut, dem Leben als Ganzes aufgeschlossen gegenüberzustehen.

In der Sterbebegleitung trifft man oft auf die Ansicht, dass nur der Prozess des Sterbens bis zum Ende begleitet wird. Es wird jedoch das Leben in eine andere erweiterte Daseinsform begleitet. Wer Sterbende über diesen Moment hinaus begleitet, wird immer wieder erleben, dass der Moment des Todes eine besondere geistige Erfahrung offenbart.

Heutzutage wird das Sterben meist noch nicht als eine Form des Lebens wahrgenommen. Aber es ist wichtig, dass dieser Teil des Lebens ebenso angenommen wird und die Begleitung eine willkommene Übung für die Auseinandersetzung mit der eigenen Sterblichkeit bietet. Das Thema ist in der Wahrnehmung nicht unbedingt willkommen, weil es auch Gefühle des Abschiednehmens und Loslassens beinhaltet. Die Aufgabe ist nicht, das Sterben lebenswert zu machen, sondern das Leben als lebenswert zu erkennen.

Für viele Menschen stellt sich die Frage, warum es ein leidvolles und trennendes Sterben sein muss. Im Angesicht des Sterbens konfrontiert man sich mit der Frage, was einem das Leben wert ist. Ist es die Frage eines intensiv gelebten Lebens, eines langen oder kurzen Lebens? Viele meinen, das Leben beherrschen zu müssen, indem sie den Sterbeprozess abkürzen oder ausschließen können. Doch hat der Mensch Macht über das Leben und somit über den Tod?

Solange der Mensch nicht weiß und erfahren hat, was das Leben ist, solange hat der Tod seine Macht über den Menschen nicht verloren.

Denken und Sterben

Um erahnen zu können, was das Sterben, was der Tod ist, ist es nötig, die Komplexität des Lebens zu begreifen und darin aufzugehen, indem eher Abstand zu dem genommen wird, was sich dem Denken als Leben darbietet. So wie der menschliche Verstand sich nicht vorstellen kann, dass es eine Unbegrenztheit des Lebens gibt, so entzieht sich auch seinem linearen Denken die Vorstellung von der Unendlichkeit des Universums und der All-Gegenwart Gottes, des absoluten Seins.

Der Mensch definiert sich und sein Leben über Gedanken. Ein selbstreflektiertes Denken, das auch Vertiefung zulässt, ist erstrebenswert. Vielfach werden aber Gedankenkonzepte übernommen, weil sie das Nachdenken, was Vertiefen bedeuten würde, ersparen. Eigenständiges und kreatives Denken hat den kleinsten Anteil.

Das, was als eigenes Denken bezeichnet wird, ist die Summe aus der Tradition, in die wir hineingeboren werden, ist das Resultat der Erziehung der Eltern, der Schule, der begleitenden Freunde und Bekannten, ist der Einfluss der Umwelt eines sozialen Umfeldes, eines Weltbildes.

So sind die Ansichten über Sterben und Tod in der Regel ungelebte Denkbilder aus zweiter Hand, vermischt mit eigenen Wünschen, Bedürfnissen, Verdrängungen und Ängsten. Die Ausführungen in diesem Buch sind Möglichkeiten, in die eigene Begrifflichkeit des Lebens und des Sterbens zu kommen. Das bedeutet nicht, in einen Denkkonflikt zu geraten. Aber durch die ausgehaltene Kontroverse entstehen Brüche der vertrauten Denkschemata und geleiten uns an Grenzerfahrungen, zumindest erst einmal des Denkens.

Im Grunde ist es keine komplizierte Formel, die es zu begreifen gilt, weil ich davon ausgehe, dass jeder diesen latenten Zugang, das Geistige, in sich trägt. Warum? Der Mensch, der das Maß der Dinge ist, ist somit selbst der Schlüssel.

Die Betrachtungsweise, den Tod intellektuell erfassen zu können, funktioniert nicht, weil es ein Ende impliziert. Alles was ein Ende hat, definiert einen Schluss, einen nicht mehr benennbaren Bereich. Das widerspricht dem konditionierten Denken, da hakt der Verstand aus.

Viel besser kommt dem Menschen die Vorstellung eines Übergangs entgegen. So wie vor der Geburt ins Leben eine Schwangerschaft vorhergegangen ist.

Das Denken ist bis zu einer gewissen Phase hilfreich. Sterbebegleiter bedienen das Denken, um die Abläufe von bereits erlebten Abläufen in entsprechenden Situationen zu verstehen. Oft ist weniger Kopfverstehen angesagt, vielmehr das Verstehen aus einem offenen Herzen heraus, indem man sich einer intuitiven Führung hingibt.

Schlaf, Sterben und der Tod

In der griechischen Mythologie hat der Schlaf eine eigene Gottheit – Hypnos. Sein Sohn ist Morpheus, der Gott der Träume. Die Gottheit des Todes heißt im Griechischen *Thanatos*. Schon bei Homer wurde der Schlaf als der Bruder des Todes betrachtet.

Der Schlaf ist wie eine Bruchstelle zum Tageserleben und wird oft als eine Erlösung empfunden, insbesondere, wenn am Tag Geschehnisse stattgefunden haben, die der Mensch mental und emotional nicht verarbeiten konnte. Schlaf ist eine Notwendigkeit, um den eigenen Körper und weitere Anteile des Körperdaseins zu regenerieren. In der Regel reflektiert der Schlafende nicht, sondern er tritt in einen beobachtenden Zustand ein, als würde er von einer inneren Persönlichkeitsebene heraus beobachten.

Wir leben heute in einer Zeit, in der viele Menschen nicht gut, nicht tief genug schlafen. Die stetige Informationsflut, die nicht verarbeitet werden kann, macht die Menschen krank. Die elektronischen Medien tragen ihren Teil dazu bei, mit dem Zwang, immer „up to date" sein zu müssen, etwas verpassen zu können. Die Menschen arbeiten zu allen Tages- und Nachtzeiten und haben keinen natürlichen erholsamen Schlaf mehr. Daraus resultiert vielfach Schlafmangel und unregelmäßiger Schlaf ohne Tiefschlaf und Träume.

Gerade weil der Mensch träumen kann, ist er innerlich mit der Gabe des bildhaften Verarbeitens ausgestattet. Es ist erstaunlich, wie zu allen Zeiten das Träumen die Menschen beschäftigt hat, und es weist unzweifelhaft darauf hin, dass sich der Mensch während des Schlafens in einer geistigen Dimension befindet.

Der Schlaf wird auch *der kleine Bruder des Todes* genannt, da Abläufe des Einschlafens dem Ablösen des Körpers im Sterbeprozess ähnlich sind. Es gibt eine Lockerung von nicht klar definierten Körperanteilen, die für Stunden in einem anderen „Bereich“ verweilen. Im Schlaf ist man abwesend, anderswo als der tagbewusste Mensch, der sich im Körper erlebt.

Der Schlafende reagiert nicht auf Ansprache, eine andere innere Wahrnehmung tritt an diese Stelle. Er erlebt sich in einem anderen Bewusstsein, darauf weisen Träume hin. Es gibt eine rege, geistige Produktivität, mit Klärung, mit Inspirationen für den kommenden Tag.

Bei vielen Menschen ist das Nachterlebnis manchmal über Träume gespiegelt wie ein Leben in einer anderen Welt. So berichten manche, die einen Familienangehörigen, Partner oder Freund verloren haben, von Begegnungen, wenn sie diese Kontakte in ihren Träumen realistisch und lebendig nah erleben.

Zusammenfassung

- Sterben und Tod rufen immer wieder eine Vertiefung der eigenen Sinnfrage hervor: „Was bedeutet das Leben?“
- Tod ist eine Definition des Verstandes. Alle Lehren, die sich mit der Frage um Leben und Tod beschäftigen, treten schlussendlich aus dem dualen Denken heraus, um in der Ganzheit das Leben zu beschreiben.
- Die Quelle des Lebens, aus der alles hervorgeht und in das irgendwann alles zurückkehrt, ist das große Nichts. Der menschliche Verstand kann diesen Zustand nicht erfassen, da keine Worte und Begriffe ihn artikulieren können.

- Alles, was körperlich existiert, kann benannt werden. Es sind Dinge der Welt. Das, was nicht körperlich ist, ist wesentlich, lebendig, schöpferisch. Es entspricht dem Seelischen des Menschen.
- Im Sterben lösen sich die zwei Seiten der Medaille. Der Körper gibt ab und löst sich auf. Das seelisch-geistig Lebendige tritt in den ihm entsprechenden Schwingungsbereich.
- Nicht der Körper oder die Persönlichkeit des Menschen hält die Seele. Es ist die Seele selbst, die zur gegebenen Zeit den Körper und deren Ausdrucksteile verlässt.
- Der Körper löst sich auf, die Elemente gehen in den Kreislauf der Möglichkeiten des Lebens auf Erden zurück. „Erde zu Erde, Asche zu Asche …"
- Die individuelle, von der Seele geführte Persönlichkeit des Menschen ist in einem erweiterten Lebensfluss angekommen. Sie hat „über"-lebt!

Ein alter weiser Spruch sagt:
Wir wissen nicht, was früher eintritt:
Der morgige Tag oder der Übergang in ein Leben
jenseits unseres Erdenlebens. Deshalb ist es weiser,
sich um die wichtigen Angelegenheiten zu kümmern,
als um die Angelegenheiten von morgen.
Die beste Vorbereitung auf ein gutes Sterben ist gleichzeitig
auch eine Voraussetzung für ein gutes Leben.

Der Mensch, sein Wesen und die Betrachtung seiner höheren Wesensteile

Wer etwas vom Leben und somit auch vom Sterben verstehen möchte, sollte seinen Horizont erweitern. Das bedeutet, sich immer wieder der Aufgabe zu stellen, sich selbst und sein Wesen zu erforschen, sich die Frage zu stellen: Wer bin ich?

Sobald der Mensch sich selbst hinterfragt, setzt er sich auch mit der eigenen Sterblichkeit auseinander und stellt sich die wesentlichen Fragen: Wer stirbt? Was stirbt? Wie stirbt es?

Wir kommen nicht umhin festzustellen, dass der Mensch *ein Doppelwesen* ist. Der eine Teil, den wir den sichtbaren Teil nennen, definiert sich in der Körperlichkeit mit differenzierter Funktionalität. Der andere Teil ist die Seele. Erkenntnisse und Betrachtungen der energetischen Wesensteile des Menschen geben die Möglichkeit, diese besser zu verstehen.

In der Sterbebegleitung ist es gut und angebracht, dass wir den sichtbaren körperbezogenen Abläufen vertrauen und uns auf unsere Erfahrungen des Begleitens stützen können. Über die Begegnung mit dem Sterbeprozess, mit den Sterbephasen beziehen wir ein erweitertes Betrachten, Wahrnehmen und Erspüren mit ein.

Fragen zur Reflexion:

- Was ist sichtbar?
- Was ist spürbar?
- Was ist wahrnehmbar?
- Was ist ahnbar?

Beim späteren Betrachten der Abläufe des Sterbevorgangs, beim Einordnen der Aussagen und Reaktionen der Sterbenden, stellen wir fest, dass der Mensch ein durch und durch energetisches Wesen ist. Die moderne Bewusstseins-Quantenphysik bringt wunderbare Sichtweisen hervor, die die klassischen Modelle der naturwissenschaftlichen Medizin und die traditionellen Heilweisen mit den Energiekonzepten erweitern und so miteinander verbinden. Bewusstsein, Energie und Materie bestehen aus Informationen und haben somit eine gleichwertige Bedeutung. Das bedeutet, dass Zellverbände, Nerven, Organe, Blutkreislauf, Stoffwechsel und Knochen in einem energetischen Bewusstseins-Informationsaustausch stehen. Somit beeinflussen sowohl das Denkbewusstsein des Menschen wie auch seine Emotionen die energetischen wie biologischen Abläufe im Körper.

Wenn wir von einem höheren Bewusstsein beim Menschen ausgehen, sollte es uns nicht schwerfallen, vorauszusetzen, dass Materie Bewusstsein hat, beziehungsweise Bewusstsein ist.

Sterben ist ein Naturgesetz.
Das natürliche Sterben wird von einem inneren
Informationsbewusstsein bestimmt und gesteuert.
Der Mensch wird gestorben. Es stirbt sich!

So wie der Mensch das Einschlafen nicht bestimmen kann, so können wir auch nicht sterben, ohne anzuerkennen, dass intelligente Naturabläufe sowohl beim Einschlafen als auch beim Sterbeablauf vorherrschen. Wir können aber gute Bedingungen für ein natürliches Einschlafen schaffen. Genauso können wir dem Sterben seinen naturgemäßen Ablauf, sofern wir die Sterbephasen kennen, gewähren, ohne behindernd einzugreifen.

Die Struktur des Menschen

Der physische Körper

Den physischen Körper kennen wir. Ein Wunderwerk aus einem stabilen, beweglichen Knochengerüst, umgeben von Muskeln und Haut, des Weiteren Organe, Blutkreislauf, Nerven- und Lymphsystem. Auf diesen Körper bezieht sich unser Hauptaugenmerk. Wir werden uns dieses Teils bewusster, sobald er nicht mehr funktioniert. Der Körper kann, wenn etwas aus dem Gleichgewicht kommt, erkranken und wir stellen fest: Er ist sterblich.

Um sich den Körper zu vergegenwärtigen, gebrauchen wir unsere Sinne. Wir können ihn sehen, riechen, hören, fühlen, ertasten und auch schmecken. Der Körper ist wie ein scheinbar unbewusstes gut organisiertes Instrument, das dann mehr Aufmerksamkeit bekommt, wenn wir natürliche Regungen haben, wie beispielsweise Hunger, Durst, Kälte oder Wärme.

Durch unsere bewussten Sinneswahrnehmungen und Gewahrwerdungen bekommt der Körper erlebbare Lebendigkeit. Wenn unnatürliche Abläufe den Körper und seine Funktionalität stören, steht unsere Aufmerksamkeit für ihn im Mittelpunkt.

Der Ätherkörper

Zwischen dem Körper und den inneren Seinsebenen gibt es noch den Ätherkörper. Er stellt die Verbindung zwischen der Materie und dem Bewusstsein her. Abgeleitet wird das Wort Äther aus dem Griechischen: *Aither*, was so viel wie lebendiger, feiner Urstoff bedeutet.

Schon vor über 2300 Jahren erwähnte Aristoteles dieses unsichtbare aber spürbare Energiefeld, das sich in passgenauer Form um den stofflichen sichtbaren Körper herum befindet. Die verschiedenen geistigen Richtungen nennen ihn: Lebensleib, Kraftleib, Bildekräfteleib, Odkörper, Doppelgänger, Pranakörper, Plasmakörper, Eidolon oder Vitalkörper.

Letztlich besteht dieser genannte Bereich aus Licht. Licht selbst ist nicht sichtbar. Nur einen kleinen Teil des Lichtes können wir mit unseren stofflichen Augen wahrnehmen, als Reflexion auf der Netzhaut. Die elektromagnetischen Wellen schaffen in unserem Hirn ein Abbild, das wir als wahrnehmbare Welt bezeichnen. Alles Lebendige und auch Materielle besitzt einen feineren Lichtteil, eng an die Form des Leibes oder eines Gegenstandes angepasst.

Der Ätherleib ist die Lichtinformation, die den Körper schafft und somit formt. Die hauptsächlichen Abläufe und Phänomene im Sterbeablauf beziehen sich auf die Ablösung des Ätherleibes, bei dem der Ätherkörper den stofflichen Körper loslässt beziehungsweise eine darüber schwingende weitere Intelligenz diese Vorgänge der

Entkörperung steuert. Interessant ist, dass wir es schon so benennen: Der Mensch hat seinen Körper aufgegeben, er hat seinen Körper verlassen, er ist entkörpert oder entleibt.

Der Ätherkörper ist unserem Körper am Nächsten, wie das Futter eines Mantels. Er gehört so gerade noch zum materiellen Bereich. Er verleiht uns Lebendigkeit und Form; denn er ist konzentrierte Lichtenergie. Er bezieht seine Energie hauptsächlich vom Sonnenlicht. Aber auch aus der Nahrung, die wir zu uns nehmen und aus der Luft, die wir einatmen. Luft ist nicht nur ein Gasgemisch, sondern ist erfüllt von schwingender Lichtenergie. Es gibt verschiedene Bezeichnungen für diesen „Stoff", aus dem sich der Ätherleib bildet: Prana, Äther, Od, Bioenergie, Mana, Ki, Chi, Orgon, animalischer Magnetismus.

Der Ätherleib durchdringt den sichtbaren Körper und ist eng mit dem Nervensystem und dem endokrinen System verbunden. Unsere Gesundheit hängt vom richtigen Maß innerhalb dieses Leitsystems von Kräften ab.

Das ganze Universum besteht aus schwingender kosmischer Energie: Angefangen bei Materie mit niedriger Frequenz bis hin zu Geist und Bewusstsein mit höchster Frequenz. Jede Zelle, jedes Atom und jedes Organ ist von Energie und Kraft aus dem Zentrum eines jeden Einzelnen heraus erfüllt. Jede Zelle des Körpers ist von Bewusstsein erfüllt und gleichzeitig Ausdruck geistigen Ursprungs. Der Ätherkörper hat ebenso wie der Körper feinstoffliche Organe. Die Energie fließt in einem Kanalgeflecht, auch Nadis oder Meridiane genannt. Sie wird durch Zentren, Chakras, umgewandelt und ist das Gegenstück zum Nerven- und Drüsensystem. Die Anzahl der feinen Kanäle geht in die Millionen und die äußere Erscheinungsform ist der Mechanismus der Sinne. Mit Hilfe des Geistes, der sich im ätherischen Leib über den schöpferischen Aspekt ausdrückt, wird der stoffliche Körper nach einem Urbild erschaffen, das sich auf höchster Ebene befindet. Ebenso ist es beim astralen und mentalen Körper.

Über den Ätherkörper kommen folgende Funktionen zur Wirkung:

- Er ist Mittler der Sinneseindrücke, dazu gehören: Sehen, Hören, Riechen, Schmecken, Fühlen, Sinneswahrnehmungen wie Schmerzen, sinnliche Gefühle, beispielsweise Frieren, Wärme empfinden, auf Druck oder Streicheln reagieren. Er kontrolliert das Wachstums und dessen Funktionieren im grobstofflichen Körper. Daher wird er auch *empfindender* oder *gefühlsgebender Äther* genannt.
- Er ist verantwortlich für die Umwandlung der Sinneseindrücke in Lichtbilder und für die Gedankenausbildung im Verbund mit dem Gedächtnis. Die Vorstellungskraft hat damit eine enorme Wirkung auf den Ätherkörper und auf Körperreaktionen. Dort, wo unsere Gedankenaufmerksamkeit hinfließt, wird der Körper mit Kraft (Energie) erfüllt. Alle Visualisierungsübungen haben mit dem *prägenden Äther* ihre Wirkung. Hierüber prägen wir uns Dinge ein und können diese Prägungen als Erinnerungen abrufen.
- Er ist Mittler der Ernährung und der Ausscheidung, ermöglicht Bewegung und Koordination und steuert Atmung und Blutkreislauf. Wir sprechen von einem *kinetischen Äther.* Dadurch können wir durch Vorstellungskraft etwa die Hand oder das Bein bewegen.
- Bei einem Schlaganfall ist der kinetische Äther gestört und nur mittels geduldiger Visualisierungs-Übungen kann der blockierte Bereich wieder aktiviert werden. Wenn die Bewegungsabläu-

fe verlangsamt werden, wie in einer Zeitlupe, kann die Wirkung effektiv zu einer Verbesserung führen.

Der Ätherkörper ist schwingend, fließend, kreisend in sich. Er umfließt und durchdringt gleichzeitig. Energie wird verteilt und gespeichert. Er ist ein Doppel zum stofflichen Körper, wirkt auf ihn ein und ist gleichzeitig in ständiger Resonanz zu den Körpervorgängen.

Übung: Versuche deine Aufmerksamkeit auf den Ätherleib zu lenken. Konzentriere dich auf den Körper mittels deiner Sinne. Fühle dich in die Gliedmaßen ein, in die Organe, in den Herzschlag, in den Atem. Du wirst feststellen, dass du den physischen Körper nur im Bezug zum Sinneskörper, sprich Ätherkörper, wahrnehmen kannst. Wenn du bei dieser Übung die Augen geschlossen hältst, wirkt sie intensiver.

Unser Kranksein wie auch unser Gesundsein sind eng mit dem Energiemaß im Ätherkörper verbunden. Unser Denken und Fühlen hat daher einen enormen Einfluss auf dieses Energiemaß und damit auf unsere Gesundheit.

Dieses Wissen floss in den letzten Jahren in viele fördernde Gesundungskonzepte, wie zum Beispiel in Yoga, Autogenes Training und Entspannungstechniken. Die Homöopathie arbeitet ebenfalls mit diesem Energiebereich. Ebenso die Akupunktur, die mittels Nadeln den Energiestau reguliert. Selbst die ätherischen Öle und natürlich alle Duftstoffe, wie auch die Farbtherapie wirken über den Ätherkörper.

Die Schulmedizin, auch wenn sie nicht bewusst darum weiß, beeinflusst mit Narkosemitteln und anderen Medikamenten den Ätherbereich. Dies hat eine Lockerung der Verbindung zwischen dem stofflichen und dem feiner schwingenden Lebensleib zufolge. Durch die Wahl der passenden Mittel kann im besten Fall eine Wiederherstellung des Gleichgewichts herbeigeführt werden. Wir sprechen dann von der Linderung eines Schmerzes. Wenn die Wirkung eines Schmerzmittels nachlässt, sammelt sich die übermäßig gesteigerte Energie wieder in einem Körperbereich und wird erneut als Schmerz oder Druck wahrgenommen.

Lockerungen im Ätherbereich können zu Ohnmachten bis hin zum tödlichen Austritt aus dem Körper führen. Ursache hierfür können etwa ein heftiger Hieb oder Schlag sein, wie bei schweren Unfällen. Ebenso wirken alle Opiate, Drogen und Alkohol, oft mit verheerender Wirkung. Veränderte Bewusstseinszustände wie Trance, Ekstase, Ohnmacht, Initiation oder Erleuchtung gehen immer auch mit einer Lockerung im Ätherkörper einher.

Wir hören immer wieder von feinfühligen und empfindsamen Menschen, die die lichten Ausstrahlungen um Menschen herum wahrnehmen können. Das wird leider zu wenig ernst genommen.

Gerade in der Sterbebegleitung sind Aussagen und Erfahrungen der erweiterten Wahrnehmungen, sei es beim Sterbenden wie auch beim Begleiter selbst, an der Tagesordnung. In einer ganzheitlichen Begleitung brauchen wir viel mehr Akzeptanz und Integration dieser Bereiche.

Der Astral- oder Gefühlskörper

Uns noch weitere Wesensteile, verbunden mit dem physischen Körper, vorzustellen, bereitet Mühe, obwohl wir jeden Tag mit diesen Energiebereichen verbunden sind. Wir verwenden im Alltag oft Begriffe dafür wie beispielsweise *Gefühle* und sprechen von der *Seele.* Zu diesem Wesensbereich gehören auch die Triebe und der Charakter des Menschen. Diese Ebene wird Astral- oder Gefühlskörper genannt. Hergeleitet ist das Wort aus dem Lateinischen: *Astrum* – Stern, also Sternenkörper. Das bezieht sich auf eine Lichtvorstellung.

Alle Emotionen spielen sich im Gefühlskörper ab. Beeinflusst wird dieser Bereich auch durch unser Denken, also von unseren Wünschen und Bedürfnissen, die auf der Gefühlsebene zu Begierden werden.

Die Form des Astralleibs ist dem materiellen Körper ähnlich. Auch der Gefühlskörper hat ein Doppel, das sich ebenso lockern und unharmonisch entwickeln kann. Beide sind nicht wissenschaftlich in einen messbaren Raum einzuordnen, aber erfahr- und somit erlebbar.

Der Mensch definiert sich immer wieder über seine Gefühle, und ein Großteil seiner Persönlichkeitswahrnehmung liegt im Astralkörper.

In den letzten hundertachtzig Jahren hat die Forschung durch die Psychoanalyse erstaunliche Ansätze hinsichtlich der Erklärung eines erweiterten Menschenbildes gefunden, beruhend auf den Denkvorstellungen der antiken Philosophen. Die Menschen des Altertums kannten noch ihre geistige Herkunft und erlebten sich im Verbund mit der Ganzheit, ungetrennt von einem geistigen Urgrund.

Übung: Komm in einen beruhigten Atem. Vergegenwärtige dir deine Gefühle, wie die der Freude, der Trauer, der Wut, des Hasses, der Eifersucht, des Fleißes, der Schwerfälligkeit, der Ausdauer, des Eifers oder der Streitsucht.

Es mag dir anfänglich schwerfallen, die Gefühle wachzurufen, weil der Sinnesbereich, also der obengenannte Ätherbereich, die körperliche Empfindung, ausgeschaltet ist. Selbst die Erinnerung musst du noch bemühen, also den Denkbereich, um die Emotion zu empfinden. Versuche zu erspüren, wie die Körper miteinander verbunden sind.

Der Denk- oder Mentalkörper

Das Ich-Bewusstsein, die Persönlichkeit, liegt im Denk- oder Mentalkörper. Der Begriff Mental stammt aus dem Lateinischen – *mens* – Denken, Bewusstsein.

Die Persönlichkeit des Menschen orientiert sich über die Sinnesorgane und sucht darüber stetig Bestätigung, um Eindrücke und Reize zu sammeln. „Ich spüre mich, ich sehe, ich höre, ich schmecke, ich ertaste, …, also bin ich. Ich definiere mich in Verbindung zu den Sinneseindrücken."

So wie der Mensch denkt und sich wahrnimmt, daraus leitet sich sein Selbstbewusstsein ab, was bei der Mehrheit nach außen, der Sinneswelt, zugewandt ist.

Dieses scheinbare Selbstbewusstsein wird auch Ego genannt: „Ich denke, also bin ich. Ich sehe, ich fühle, ich denke. Ich erlebe mich in Zeit und Raum.“ Je mehr der Mensch sich mit seiner geistigen Natur auseinandersetzt, umso mehr weitet sich sein Bewusstsein. Erreicht werden kann dies durch Gebet, Achtsamkeit und Meditation. So kann er in Übereinstimmung mit seiner wahren Wesensnatur kommen. Folglich relativieren sich die weltlichen Dinge durch Abstand im Bewusstsein, und er erreicht eine innere Ausgeglichenheit. Die Persönlichkeit kann so reifen, reflektierter und selbstbewusster werden.

Auch der Mentalkörper hat ein entsprechendes Doppel und kann ebenfalls gelockert sein. Störungen spiegeln sich in entsprechenden Krankheiten wider: Vergesslichkeit und Demenz haben damit zu tun, auch Depressionen und andere mentale Störungen haben hier ihre Ursachen, wie etwa Überbeanspruchung oder Schockerlebnisse, etwa nach einem Unfall oder einem Hirnschlag.

Beim Begleiten von Sterbenden erleben wir in den fortgeschrittenen Phasen, dass sich der Denkbereich stark lockert und wir den Menschen schon auf einer „anderen Ebene“ erleben. Ähnlich ist es bei Menschen, die im Koma liegen.

Übung: Komme in einen beruhigten Atem. Vergegenwärtige dir nun deine Gedanken. Schenke ihnen jetzt volle Aufmerksamkeit. Schließe dazu die Augen. Rufe dir Bilder und Eindrücke aus der Vergangenheit hervor. Beobachte alle diese Bilder. Vermeide es, aufkommende Emotionen zu beachten.

Schaue dir nun die gegenwärtigen Gedanken an. Sage dir innerlich: „Ich nehme meine Gedanken wahr. Ich betrachte sie mit Abstand.“

Seien wir uns beim Betrachten bewusst, dass die Gedanken vorbeifließen. Wir sind Beobachter, oder besser gesagt, es fällt uns auf, dass *etwas in uns* der Betrachter ist. Dieser Betrachter nimmt unsere Sinne, unsere Gefühle und unsere Gedanken wahr. Versuchen wir, dieses Etwas wahrzunehmen.

Wir werden feststellen, dass es unmöglich ist, sich von außen anzunähern. Es gelingt uns nur, es von „innen" her zu fühlen.

Seele und Geist (höheres Selbst)

Wer ist dieser Betrachter? Es ist das höhere Ich, das individuelle göttliche Selbst! Dieses trägt den Gotteskern, das Gotteslicht in sich, wie auch immer es genannt wird. Es ist die Ursache jenseits von Zeit und Raum und dennoch stetig anwesend. Es ist unsterblich, während die Ausdrucksformen, die verschiedenen Wesensteile, Ätherleib, Gefühlsleib und Mentalkörper, sterblich oder übersetzt gesagt wandelbar sind.

Dieses hohe Licht durchdringt alle Wesensanteile, wie das Sonnenlicht durch alle verschiedenfarbigen Fenster hindurch bis auf den Boden strahlt. Der Erdboden ist hierbei gleichzusetzen mit dem materiellen Körper und die Farb- und Licht-Ausstrahlungen sind die entsprechenden Schwingungswirkungen der höheren Körper.

Was ist nun der Mensch?

- Aus Gott ist der Mensch und *mit* **Gott in Allem** verbunden.
- Er ist **belebt** – im universellen Leben.
- Er ist **beseelt** – mit einer Seele, die mit Gott, dem Urgrund, *eins* ist.
- Er ist **individualisiert** – *durch* die Seele geführt.
- Er hat eine **Persönlichkeit** – die derzeitig, mit den individuellen Aufgaben, *durch* die Individualität führt.

- Er lebt **in einem Körper**, der durch die Gene der Eltern bestimmt ist, aber auch durch die Individualität Wandlung erfährt.

Was lässt sich über den **Menschen**, seine **Seele** und den **Geist** (das Göttliche) sagen?

- Der Geist ist die göttliche Dimension unseres Seins. Der Funke in uns. Das eine, ewige, wahre Sein. Das Wesenhafte in allem.
- Die Kraft der Seele ist eine Brücke zwischen der materiellen Welt als solche und dem Geist.
- Es ist die Seelenqualität, die den Menschen in die Geburt, durch das Erdenleben und über das Sterben (inklusive Übergang – Tod) hinaus in die geistige Welt zurück begleitet.
- Die Seele ist unvergänglich und mit dem Leben verbunden. Sie ist die unendliche Daseinsform unseres ganzen Seins im allgegenwärtigen Leben.
- Über die Seele treten wir in Kontakt mit dem Göttlichen. Die Seele ist lebendig, schöpferisch. Sie leitet unsere Entwicklung, gibt Inspirationen und Impulse. In ihr ist der Schlüssel für Selbstbewusstsein und Selbstbestimmung.
- Das Persönliche, das Ego – der Verstand des Menschen – nimmt von der Welt Besitz. Es macht sich die Dinge untertan. Ego = Denken, Fühlen und Handeln. Das Ego ist die konkrete, begrenzte Äußerungsform für dieses Leben.
- Das Kreative, das Spirituelle (ein Anteil der Seele) lässt die Welt transzendent werden.

GEIST	
	Seelen-Selbst (Gottesfunke oder geistige Seele)
S	
	Höheres Selbst (Individuelles höheres ICH oder menschliche Seele)
E	
....	....
	Persönlichkeit (das Ich oder niedere Selbst)
E	
	Mentalkörper (Verstand – in höheres und niederes Denken aufgeteilt)
L	
	Gefühlskörper (Astral- oder Emotionalkörper, Gefühle, Charakter)
E	
	Ätherkörper (Sinnesempfindungen, unbewusste Koordination von Atmung, Fortpflanzung, Ernährung und Ausscheidung)
KÖRPER	Grobstofflicher Körper

> Die Welt besteht aus den fünf Elementen
> Feuer, Wasser, Luft, Erde und Äther.
> Die ersten vier sind irdischer Natur,
> das fünfte erfüllt den Himmel.
>
> Aristoteles

Die Elemente-Lehre – die Elemente und der Sterbeprozess

Für ein besseres Verständnis der wesentlichen Abläufe im Sterbeprozess nehme ich das Konzept der Elemente in die Beschreibung der Sterbephasen hinzu. Ich habe dank dieses Konzeptes viele Wahrnehmungen und Aussagen besser verstehen können und fand darin eine Fülle an Wissen und Weisheit.

Durch die Elemente-Lehre ist der Sterbevorgang nicht nur von den physikalisch-biologischen Phänomenen her zu deuten, sondern gerade die Zustände, in die der Sterbende eintritt, also die Schwingungsgrade, sind als solche wahrzunehmen, somit kann man die Phasen des Sterbeablaufs besser einordnen.

Alles ist und darf Ergänzung sein. Nichts schmälert eine gute Sterbebegleitung, welcher geistiger Ansatz auch immer verfolgt wird. Jeder, der in diesem Bereich begleitend arbeitet, wird mit seinem Erlernten, Erfahrenen und seinen Möglichkeiten das Beste daraus machen.

Das Wissen um die Elemente-Lehre ist sehr alt. Es ist in allen Kulturen zu finden, etwa bei den Tibetern, Chinesen, Griechen und allen Völkern des Altertums, wie den Ägyptern. Die ehrwürdigen

Wissenschaften der Alchemie, der Astrologie wie auch das Tarot erklären die Elemente. Platon entwickelte die vom Alten Ägypten übernommenen Philosophien weiter, die immer mit der Religion verbunden waren. Aristoteles, Paracelsus, Hildegard von Bingen, Carl Gustav Jung, um nur einige zu nennen, bezogen sich auf diese. Das Konzept der Aggregatzustände und die Viersäftelehre in der alten Medizin boten für die damalige Zeit ebenso Erklärungsmodelle.

Der Mensch fragte sich zu allen Zeiten, „was die Welt im Innersten zusammenhält". Das war nicht nur ein philosophisch-theoretischer Ansatz, um die Welt zu deuten. Es gab immer auch Antworten, die aus einer inneren Wahrnehmung oder geistigen Sicht zu den Dingen entstanden sind. Das System hatte zu jeder Zeit Bestand. Durch alle Jahrhunderte hindurch schöpften Religion, Philosophie und Wissenschaft daraus, dass es eine Quintessenz gibt: Quint = fünf, Essenz = **Urstoff**, die Ur-Essenz, aus dem die vier Elemente entstanden sind und die in allen Schwingungswelten wirkt. Dieser Urstoff wird als Äther bezeichnet.

Wir leben in einem Universum, das aus Energie besteht, die sich in Wellen, Schwingungen, Gedanken und Ideen zu Materie verdichtet und unaufhörlich in das Anfangsstadium zurückkehrt. In diesem Universum vibriert alles; es gibt weder absolute Ruhe noch absolutes Chaos. Jegliche Schwingungsauswirkung, wie subtil sie auch sein mag, beeinflusst das Ganze. Materie, die in diesem undefinierbaren Schwingungsozean existiert, ist die verdichtete Energie, die nach Ablauf ihres Zyklus' in das Ursprungsfeld zurückkehrt.

Alles, was geschaffen wurde, die sichtbare und die unsichtbare Welt, der Makrokosmos und der Mikrokosmos, ist durch das Wirken der Elemente zustande gekommen. Das ganze Universum ist wie ein wunderbares Zusammenwirken aller Kräfte, gleich einem Uhrwerk. Eine Intelligenz, die hinter allem wirkend und ordnend steht, war stets der Begriff einer Gottheit als höchste Wesenheit, soweit Menschen sich dies vorstellen konnten. In der Welt des Geschaffenen ist der Zustand des Schöpfers immer etwas, was sich nicht begreifen lässt. In der Elemente-Lehre ist das **Ätherprinzip** daher das Höchste, das Mächtigste, das Unvorstellbare, der Urgrund aller Dinge. Alles in allem.

Die Elemente-Lehre erklärt, dass alles Sein aus den vier Grundelementen Erde, Wasser, Feuer und Luft sowie dem Äther besteht. Dieser Urstoff wirkt schwingend in den vier Elemente, baut auf, erhält und löst wieder auf. Wobei richtig zu sagen wäre, dass mit Auflösung Verwandlung gemeint ist. Das werden wir im Ablauf der Sterbephasen mit einem erweiterten Blick beobachten können.

Die vier Elemente sind ebenso im Menschen, der als Mikrokosmos, die Welt im Kleinen, bezeichnet wird. Sie erhalten den menschlichen Körper mit seinen Schwingungsabstufungen und sorgen so für ein harmonisches Zusammenwirken in ihm.

Im Körper des Menschen sind die Elemente klar eingeordnet. Es wird in den Funktionen der Organe und der Körperbereiche verständlich, welche Aufgaben sie in Verbindung mit der Elemente-Lehre haben.

- **Erde**
  Der Erde sind Knochen, Knorpel, Nägel, Muskulatur, Sehnen, Haut und Haare zugeordnet. Bei diesem Element ist Festigkeit und Schwere zu spüren und wir erfahren die Körperwahrnehmung. Sie schafft sowohl Zusammenwirken und Zusammenhalt

im Körper als auch Verbundenheit mit der materiellen Welt und dem Leben. Alles Grobe im Körper verdanken wir der Kraft der Erde. In der Bibel heißt es: „Von der Erde genommen, zur Erde wieder zurückgegeben, Staub zu Staub, Asche zu Asche."

- **Wasser**
  Wasser ist unerlässlich für die Funktionen der Gewebe, der Organe und der verschiedenen Flüssigkeitssysteme wie dem Blutkreislauf und der Lymphe im Körper, der Verdauungssäfte, der Speicheldrüsen und der Schleimhäute. Der Mensch besteht zum Großteil aus Wasser. Es ist fließend und somit immer in Bewegung, in einem steten Austausch. Vom Wasser hat der Mensch die Beweglichkeit.

- **Feuer**
  Feuer ist die Grundlage des Stoffwechsels, der Enzymsysteme, der Verdauung, der Intelligenz, der Denkvorgänge, des Sehvermögens und der Körpertemperatur.

- **Luft**
  Das Element Luft ist verantwortlich für den Herzschlag, das Ein- und Ausatmen durch die Lunge, die Bewegungen der Magenwand und des Darms sowie alle Bewegungen, die durch das zentrale Nervensystem gesteuert werden, beispielsweise die Bewegung der Muskulatur.

- **Äther**
  Wenn wir in unserer kleinen Betrachtung noch den Äther anschauen, so steht dieser im höheren Prinzip für Vitalität, aber auch für einen feineren Lebensstoff, der nicht nur über den Atem dem Körper zugeführt wird, nicht nur über Nahrung. Es

ist das Lebenselixier, was überall vorhanden ist. Im Ätherkörper des Menschen zirkuliert es als *Prana*, als Od, Odem oder Lebensfluid. Der Äther wirkt durch alle Elemente hindurch.

Die Elemente werden folgendermaßen den Körperregionen zugeordnet:

- Der Kopf dem Feuerprinzip,
- der Bauch dem Wasser-Element,
- die Brust dem Luft-Element.
- Das Erd-Element sorgt für ein Zusammenwirken und einen Zusammenhalt der drei oben genannten Elemente.

Alles Wachsen ist ein Sterben.
Jedes Werden ein Vergehen.
Alles Lassen ein Erleben.
Jeder Tod ein Auferstehen.

Rabindranath Tagore

Geburt und Sterben

Im Folgenden betrachten wir die verschiedenen Bewusstseinserlebnisse des menschlichen Wesens bei der Geburt ins Erdenleben hinein und beim Sterben, dem Herauslösen aus dem Erdenleben, hinaus. Beide Vorgänge sind eine Wandlung im Leben, von der geistigen Ebene aus gesehen Übergänge. Wenn wir das Sterben besser verstehen wollen, ist es hilfreich, sich den Geburtsvorgang ins Leben hinein anzuschauen.

Leben ist immer vorwärtsorientiert. Es gibt kein Zurück. Oft heißt es: Sterben sei ein Zurückkehren in die geistige Dimension. Allerdings sollte es dahingehend verstanden werden, dass es eine Geburt in ein erweitertes Schwingungsfeld ist.

Die Geburt ist eine Verdichtung ins Erdenleben hinein, mit einem wesentlichen Fokus auf den materiellen Körper. Sterben ist der Übergang in einen Bereich, der schon zu Lebzeiten in einem höheren Schwingungsgrad da war, aber in der Regel nicht wahrgenommen werden konnte.

Im Sterbeprozess kommt es zu einem Herauslösen der höher schwingenden Bereiche aus dem Körper. Oft heißt es, dass die Seele „geht“. Zum besseren Verstehen müssen wir es differenzierter betrachten:

Die feineren Schwingungskörper wie Ätherkörper, Astralkörper und Mentalkörper ziehen sich aus dem stofflichen Bereich zurück.

Es gibt im Geburtsprozess und im Ablauf des Sterbens Ähnlichkeiten, die ich hier gegenüberstellend aufgelistet habe.

Die Bewusstseinserlebnisse bei der Geburt und beim Sterben

DAS ENTHÜLLUNGSERLEBNIS

Geburt

- Vor der Geburt ist das Wesen noch eingehüllt von „himmlischen" Energiefeldern, im Fruchtwasser, mit der Gebärmutter, im Mutterleib.
- Das Kind ist noch in der Schwebe seines eigenen Kosmos'.
- Der Geburtsvorgang setzt ein, die Hebamme steht zur Seite.
- Am Anfang eines Erdenlebens braucht das Kind viel Berührung mit der Erde, um sich mit der Erdenergie und dem Erdmagnetfeld zu verbinden. Die nahe Verbindung zur Erde drückt sich durch das Liegen und das Krabbeln aus, bevor das kleine Menschenwesen ins Stehen und Gehen, in die Aufrichtung kommt.
- Das Bedürfnis nach Umhüllung bleibt das ganze Leben hindurch bestehen, vor allem nach energetischer Umhüllung. Umarmen ist mehr als Wärme, es ist Energie. Umarmen ist eine Geste des Einswerdens.

Sterben

- Die körperliche Umhüllung wird abgelegt.
- Die geistigen, unsichtbaren Körper erhalten Stärkung für den erweiterten geistigen Lebensabschnitt.

- Im Sterbeprozess werden bei der Enthüllung die äußeren Kräfte auf die „innere Seite“ gegeben.
- „Geistige Hände“ von Freunden und Helfern auf der „anderen Seite“ sind da, um den Verstorbenen zu empfangen, zu halten und ihn in das erweiterte geistige Feld, in die geistige Heimat zu geleiten.

DAS ATEMERLEBNIS

Geburt

- Das Atemerlebnis ist der wichtigste Teil der Geburt.
- Beim Atemerlebnis entsteht die Verbindung zwischen Seele und Gottesfunken im Herzen. Der Atem ist ein wesentlicher Schlüssel für ein erlebbares Seelenbewusstsein.
- Je mehr das Kind zu atmen beginnt, desto weniger Blut fließt in der Nabelschnur.
- Bei der Geburt ist das Einatmen – die Mutterkraft wichtig.

Sterben

- Der Atem wird mehr und mehr reduziert. Beim Sterben ist die Vaterkraft wichtig.
- Langsames und ausgesetztes Atmen wechselt mit schnellem Atmen.
- Schnelles Atmen als Ausdruck des noch vorhandenen, aber schwindenden Atemreflexes wechselt mit langsamem Atmen und Aussetzen als Zeichen des Vertrauens und Loslassens.
- Wenn der Atem im sterbenden Körper weniger wird, erscheint es uns Außenstehenden, als würde der Atem das Ende des Lebens bedeuten. In Wahrheit aber ist es so, dass auch im höchsten Moment des Übergangs der ausbleibende Atem nicht aufhört, sondern auf eine innere Ebene wechselt.

DAS TEMPERATURERLEBNIS

Geburt

- Wärme ermöglicht die Ausdehnung.
- Kälte bewirkt ein Zusammen- und Zurückziehen.
- Die Kälte ist gleichbedeutend mit etwas, das ins Stocken gerät, es entsteht eine Art Unterbruch, was wiederum ermöglicht, einen neuen Impuls aufzunehmen, der hineinkommt. Bei der Geburt tritt ein Temperaturgefälle von etwa 15 Grad auf (Mutterleib 37 Grad, Kreißsaal 22 Grad). Das ist ein intensives Erlebnis für das Neugeborene. Das Baby nimmt den Atem als Reflex tief in sich hinein. Beim Ausatmen folgt der erste vielgerühmte Schrei.

Sterben

- Während der Sterbephasen gibt es Kälte, Wärme- und Hitze-Erfahrungen: Von wohlfühlender, einhüllender Wärme, über nicht auszuhaltende Hitze und Kälte, bis hin zu dem Moment, wo die Temperatur als solche nicht mehr erfahren werden kann.

DAS RAUMERLEBNIS

Geburt

- Während der Schwangerschaft erfahren weder Seele noch Embryo Erdenschwere. Es ist eine Leichtigkeit, wie ein Flug- oder ein Schwebeerlebnis, welches der Embryo als Wärme wahrnimmt. Dieses Empfinden eines Freiheitserlebnisses wünscht sich der Mensch später immer wieder als Erinnerung an die Erfahrung der Schwangerschaftszeit.
- Aus einem Höhlen- beziehungsweise einem Kugelerlebnis heraus findet durch die Geburt eine Erweiterung statt, durch den Geburtskanal in einen offenen Raum.

- Am Anfang sucht das Neugeborene, das kleine Kind, immer wieder den Schutzraum, die Energiehülle ganz nahe bei der Mutter.

Sterben

- Im Sterben wird die Körperhülle, der Körperraum aufgegeben und verlassen. Hierdurch fällt das irdische Raumerlebnis weg.
- Es werden Raumausweitung, Leichtigkeit und das Gefühl des Schwebens wahrgenommen.
- Es ist ein Zurückfließen ins Geistige, die Hände greifen schon zur geistigen Seite, das ist ein Zeichen, um sich zu orientieren, so wie auf Erden, wo die Hände ein wichtiges Orientierungsinstrument sind, um den Raum zu erfahren, alles zu ergreifen und zu begreifen.

DAS ZEITERLEBNIS

Geburt

- Über den Atem wird das Erleben von Zeit ausgelöst. Nun entsteht ein Rhythmus, das ganze Leben ist ein Hinein- und Hinausgehen.
    - Einatmen: Impuls hineinnehmen, Inspiration, ein seelisches Hineinnehmen.
    - Ausatmen: Etwas von sich selbst ins Leben hineingeben, etwas zurückgeben.

Sterben

- Der Mensch verliert das Zeitempfinden. Mit dem Wechsel auf „die andere Seite“ des Lebens kann Zeit im Weltlichen nicht mehr erfahren werden.

DAS SCHMERZERLEBNIS

Geburt

- Trennungsschmerz durch das Herabsteigen in die Welt.
- Geburtsschmerzen: Druck- und Engegefühl, Wärme- und Kälteerlebnis und alles, was auf das Kind einwirkt während der Wehen und des Geburtsvorgangs.
- Schmerz gibt die Möglichkeit, in die Körperlichkeit, ins Körperbewusstsein zu kommen.

Sterben

- Abschiedsschmerz, das gewohnte vertraute Umfeld zu verlassen.
- Wehen-Schmerzen beim Geburtsvorgang in die geistige Welt hineingeboren zu werden.
- Körperliche Schmerzen auch in den ersten Phasen des Sterbens.

DAS SCHWERE-ERLEBNIS

Geburt

- Es entsteht, wenn die Fruchtblase platzt.
- Die Gravitations- und Erdenkräfte, die den Menschen durch das ganze Erdenleben hindurch begleiten, werden spürbar.
- Mit der Geburt geht das Kind in eine Bedingtheit (in die Gesetze der Erde) hinein.

Sterben

- Essen ist Erdung. In den Endphasen des Sterbeprozesses wird die Nahrungsaufnahme weniger und unwichtig.
- Das Gefühl der Schwere des Körpers verändert sich. Der Sterbende erfährt Leichtigkeit und Schweben bis hin zur Gefühllosigkeit.
- Mit dem Tod hört das Schwereerlebnis auf.

Gedanken zur Geburt

Vorgeburtliche Erfahrungen

Was macht das Sein im Erdenleben aus? Wie entsteht Leben? Wann beginnt es?

Vier Aspekte gilt es wahrzunehmen: Zwei Menschen, Mann und Frau, finden sich energetisch zusammen. Eizelle und Samen kommen zusammen. Als Drittes braucht es den Lichtimpuls des Seelenwesens, das zur Erde, zu den werdenden Eltern kommen möchte. Der vierte Aspekt ist das Göttliche, der rechte Zeitpunkt, denn alles hat bei Gott, beim Urgrund, seine Zeit.

Das Leben des kommenden Kindes ist schon vor der Zeugung als Lebensimpuls des Seelenwesens da, mit dem starken Willen zur Erde, zu den Eltern zu kommen. Während der Schwangerschaft baut sich der Körper des Kindes mit all seinen Anlagen im Mutterleib auf, um dann bei der Geburt ins Erdenleben mit dem ersten Atemzug die weiteren Reifeschritte ins Leben hinein zu tun. Gerade am Beginn des Erdenlebens benötigt das kleine Kind noch Nähe, Wärme und vieles mehr. Geburt ist nicht der Beginn des Lebens, sondern ein Schritt ins Erdenleben.

Durch die **DNS**, die **Gene** von Vater und Mutter, sind wir Menschen auch mit dem Feld der Ahnen verbunden, die bereits in die geistige Welt vorausgegangen sind.

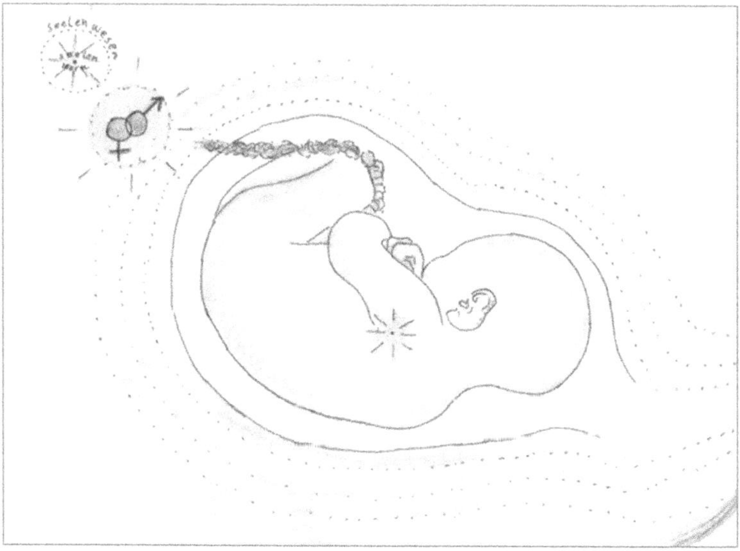

Vor der Geburt: Das ungeborene Wesen als ungeborenes Leben.
Es nährt sich aus der Verbindung zu seinem Seelenkern, es ist noch intensiv mit seiner geistigen Herkunft verbunden.

Im Mutterleib werden während der Schwangerschaft über den Blutkreislauf und den Atemkreislauf der Mutter die genetischen Anteile und die DNS in das entstehende Wesen weitergegeben. Ebenso werden geistige Informationen der Ahnen in die geistige Wirbelsäule des entstehenden Kindes „eingeprägt".

Der Geburtsmoment

Der Geburtsmoment ist von entscheidender Bedeutung, weil dann ein Impuls über den ersten Atemzug, im Zusammenklang mit dem Herzschlag und dem Seelenlicht, ins Innere des Herzens des Kindes eingegeben wird. Damit beginnt das Lebensprogramm des Menschenwesens auf der Erde.

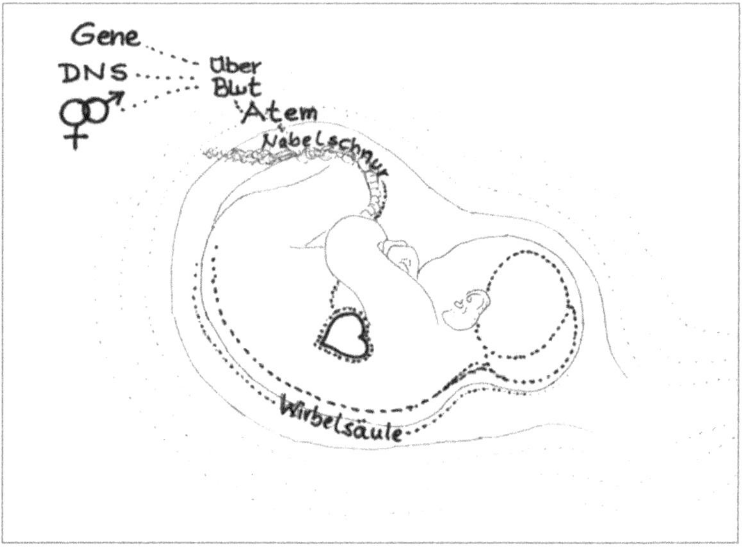

Vor der Geburt: DNS, Gene, Atem und Blut sowie die Anteile der Eltern, alles fließt ins Erdenleben ein.

Drei Komponenten kommen im Augenblick der Geburt zum Tragen:

1. **Das Blut** ist Träger der Information des geistig Mitgebrachten, was im Leben gelöst beziehungsweise gewandelt werden soll, die Erinnerung daran, dass wir eine geistige Herkunft haben, und was unsere Lebensaufgabe auf Erden ist, unsere Schicksalsaufgabe.
2. **Der Atem** und das Blut wirken auf das Engste zusammen, gemeinsam mit dem Herzen – dem geistigen Herzen. Wie schon erwähnt, fließt der Blutkreislauf immer zum Herzen hin, ins Zentrum hinein und wieder hinaus. Während des gesamten Lebens, zu jeder Zeit unseres Daseins, „betrachtet und wiegt" dieses geistige Herz das, was wir im Leben erfahren, was wir verwandelt haben. Es schaut auch das an, was wir noch nicht erlösen konnten. Immer wohlwollend, aber auch bestimmend.

Das bedeutet, dass zum Abschluss unseres Lebens, der auch ein Rückblick auf unser gesamtes Leben ist, die gesamte Lebenserfahrung betrachtet und „bemessen“ wird. Oft hören wir vom Rückblick auf das gelebte Leben, dass die gesamte gespeicherte Information im inneren Menschen wie ein Film vorbeiläuft.

3. **Die Wirbelsäule** beinhaltet das Lebensprogramm. Durch den Atemimpuls, also durch den Rhythmus des Atems, wird aus der geistigen Wirbelsäule heraus das jeweilige Thema des Lebens an die Oberfläche gehoben. Dieses kommt dann als Erlebnis, als Ereignis zum rechten Zeitpunkt im Leben, in einem Lebensabschnitt zum Tragen. Mit Recht können wir sagen, wir erleben das, was ansteht.

Der Sterbemoment

So wie der Geburtsmoment ein von der Natur vorgegebener Impuls, ein Moment ist, so ist es auch der Sterbemoment. Es ist der Zeitpunkt, ein wichtiger Augenblick, an dem sich – für uns nicht einsehbar – etwas erlöst, etwas vollendet, welches das Lebensthema, das Lebensprogramm eines Menschenlebens auf Erden gewesen ist. Jeder trägt in seinem Leben ein Leitthema, wie eine Melodie, die sein Leben bestimmt.

Ich bin der Ansicht, dass wir diesem Moment des Übergangs nicht vorgreifen dürfen, denn es ist ein höchst natürlicher Moment, wie ein heiliges Ereignis, bei dem sich ein Menschenleben vollendet. So wie uns der Geburtsmoment beeindruckt und alle Beteiligten seelisch berührt, so ist der natürliche Sterbemoment ebenso beeindruckend. Er sollte respektiert und gewürdigt werden.

Das Sterben kündigt sich an.	
Herauslösen des Ätherleibes, Licht- und Tunnelerlebnis, letzter Atemzug, Agonie, stufenartiger Sterbephasen- Prozess	
Die Silberschnur reißt.	Die Nabelschnur wird getrennt.
Ablösen des Seelenkernatoms.	Licht- und Tunnelerlebnis, erster Atemzug, Hebamme
TOD	**GEBURT**
Helfer auf der inneren Seite gleich „Geburtshelfern“.	Abschied von der „inneren Seite“
Willkommen auf der inneren Seite.	
	Wehen Eventuell Geburtstrauma beim Kind, Ängste
	Schwangerschaft von neun Monaten Aufbau der verschiedenen Wesensteile und des Körpers
	Die Zeugung

Der Weg ins Leben bei der Geburt und im Sterben, als Spiegelung.

Und meine Seele spannte weit meine Flügel aus,
flog durch die stillen Lande, als flöge sie nach Haus.

Joseph von Eichendorff

Das Sterben vor dem Sterben

Die Symbolsprache des Sterbenden

Menschen im Sterbeprozess haben zuweilen eine symbolische und bildhafte Sprache, die nicht immer verstanden wird. Deshalb sollten wir Aussagen nicht zu wörtlich nehmen, sondern einen dahinterliegenden Sinn *erahnen*. Die eigentliche Bedeutung ergibt sich meist, wenn wir die ausgesprochenen Sätze als solche erst einmal stehen lassen und nicht versuchen, sie in unsere Logik einzuordnen. Aussagen des Sterbenden sind nicht immer darauf ausgerichtet, eine Antwort von uns zu erhalten. Vielmehr beschreiben die Symbolbilder innere erlebte Erfahrungen, innere, sich auftuende Seelenlandschaften.

Symbolhafte Bilder und Situationsabläufe sind immer ein Zeichen dafür, dass sich die Übergänge eines Diesseitigen mit dem Jenseitigen vermischen. *Der Sterbende befindet sich in einem erhöhten Schwingungszustand,* er erlebt innere Symbolbilder als eigene Erfahrung. Mit Offenheit und nötigem Feingefühl nehmen wir das als Begleiter wahr und können so die Sterbephasen einordnen.

Der Sterbende hat zuvor möglicherweise durch Gesten gezeigt, dass er mit einer feineren Ebene in Berührung ist, er fühlt sich angehalten, Dinge in seinem häuslichen Bereich zu ordnen, räumt auf, schaut noch einmal Fotos an. Eventuell legt er den Ehering ab oder verschenkt ihn oder andere ehemals für ihn bedeutsame Gegenstände. Was in einer vorherigen Phase des Lebens wichtig war, ist durch die Ablösung vom irdischen Leben nun nicht mehr von Bedeutung.

Sterbende sind Reisende in ein inneres Land, in dem eine „andere Sprache" gesprochen wird. Grundsätzlich hat jeder Mensch Zugang zu dieser Sprache, die uns auch in Träumen begegnet. Es treten dabei archetypische Symbole auf, wie wir sie in Märchen und Mythen wiederfinden.

Erfahrung, Einfühlungsvermögen, die Kenntnis eines entsprechenden Vokabulars sowie Redewendungen helfen beim Verständnis.

Im Folgenden einige Beispiele und mögliche Deutungen:

- Häufig wird von einer **Reise** gesprochen, die der Sterbende noch unternehmen möchte. Manchmal ist die Rede von einer letzten Reise.
- Der Mensch möchte eine **Wanderung** machen und braucht dafür neue **Schuhe**.
- Andere Sterbende sprechen von neuen **Reifen** fürs Auto. Das kann ebenso aber auch das **Schiff** oder ein **Flugzeug** oder Ähnliches sein. Manchmal spielt der Zeitfaktor eine wichtige symbolische Rolle. „Ich muss den Flieger, ich muss das Schiff, ich muss den Zug erreichen, ich muss zum **Bahnhof.**"
- Oft hören wir auch, dass die **Koffer** schon gepackt sind oder gepackt werden müssen, dass alles zur **Abreise** bereit ist. Manche Sterbende verlangen nach **Urlaubsprospekten**. Oder sie schauen sich Fotos von einer gemachten Reise an. Sie möchten in ein **Land der Sehnsucht** fahren, sie möchten in die **Sonne**, in die **Erholung**, ins **Licht**.

- Die **Zeit** findet sich häufig in Aussagen bei Sterbenden, wie: „Ich habe nicht mehr so viel Zeit." oder „Ich muss mir die Zeit jetzt einteilen." Es wird oft nach der Uhr-, der Tages- oder Jahreszeit gefragt. Diese wird dann verwundert nicht mehr richtig eingeordnet. Gerade im Sterbeprozess ändert sich die Zeit- und Raumwahrnehmung. Zum einen ist dieses Nachfragen eine Orientierung, gleichzeitig erleben wir aber auch, dass der Sterbende uns vermittelt, dass sich die Wertigkeit seiner erlebten Lebenswahrnehmung verschiebt. Zeit- und Raumempfinden gehen auf eine innere Ebene, sie sind nicht mehr mit der äußeren Wahrnehmung kongruent. Das führt dann zu verwirrenden Aussagen.
- **Häuser** stehen in der Symbolsprache für die eigene Körperwahrnehmung. Es kann davon gesprochen werden, dass sich das Haus nun auflöst. Auch erleben Sterbende in ihrer Wahrnehmung im Haus Feuer oder eine Überschwemmung. Je nachdem zeigt sich im obersten Stockwerk oder im Keller die bedrohliche Situation, die dann bereinigt werden muss. Einige äußern dann den Wunsch, dass die Handwerker kommen mögen. Das Haus müsse renoviert werden.
- Es sollen noch **Briefe** geschrieben werden, eine **Nachricht**, eine **Botschaft** an eine Person ist noch zu schreiben oder zu schicken, oder der Sterbende bekommt oder erwartet selbst noch einen Brief.
- Manche sprechen vom **Geld** und von Einkäufen. Das ist auch ein Symbol für Energie. Nahrungsmittel stehen als Symbol für Energie, die einem fehlt. Kleidungsstücke symbolisieren Vitalität und Lebenskraft.
- Es wird von **Büchern** gesprochen, von **Aktenordnern**, die den Wunsch ausdrücken können, seine Angelegenheiten **aufzuschreiben**, sie festzuhalten und vor allem zu ordnen, bevor man diese Welt verlässt.

- Viele symbolische Aussagen beziehen sich auf **Heimat** und **Heim**. Sie sprechen davon, **nach Hause zu gehen**. Das **Heimkommen** ist auch Sinnbild für das Ganzwerden, für das Gesundwerden in einem neuen geistigen Körper. Wie oft sprechen wir beim Sterben vom Menschen, der „heimgegangen" ist. Wenn Angehörige von Sterbenden bereits in die geistige Welt vorausgegangen sind, hören wir oft die Aussage: „Ich gehe bald zu meinen Lieben heim."
- Es wird von **Türen** oder **Toren** gesprochen, die offen sind oder geöffnet werden müssen, wodurch man den Weg in die weitere Welt öffnen kann. Ebenso von den dazugehörenden **Schlüsseln**, mit denen man das Tor aufschließen kann. Diese Schlüssel sind ein Hinweis auf das Transzendente, das Geistige. Sie sind das Symbol für den Übergang.
- In ihrer letzten Lebensphase sprechen manche Menschen von einem **Auftrag**, den sie noch zu erfüllen haben oder sie möchten den Auftrag oder die Aufgabe noch an andere Menschen weitergeben. Es ist ein Symbol, dass das Leben als Mensch würdig und ehrenwert ist beziehungsweise war.
- Sterbende sprechen manchmal davon, dass sie **sich verlassen fühlen**. Das hat weniger damit zu tun, dass sich kein Mensch um sie kümmert, sondern viel eher damit, dass sie selbst diese stoffliche Welt verlassen und noch nicht genügend Orientierung in der neuen Welt haben. Sie drücken so bereits den Abstand aus, der schon zwischen ihnen und den Menschen, die sie umgeben, besteht. Sie wissen bereits, dass sie den Sterbeweg alleine gehen müssen.

Die Symbolsprache des Sterbenden kann vielfältig sein und sich schnell mit der konkreten weltlichen Ebene abwechseln. Das ist für uns Begleiter oft verwirrend. Vor allem dann, wenn das, was der Sterbende sagt, für uns als Begleiter keinen logischen Sinn ergibt. Die

Herausforderung besteht dann darin, genauer und aufmerksamer zuzuhören. Im Wechsel von der symbolischen auf die reale Ebene und umgekehrt gibt es meist eine Veränderung der Stimme oder des Tonfalls. Wichtig ist an dieser Stelle das Zuhören und Eingehen auf die spezielle Gefühlslage. Wie verändert sich die Stimme, Mimik, Gestik, Hautfarbe oder Atmung? Wir brauchen nicht auf alles eine Antwort. Die Grundlage des Kommunizierens mit Sterbenden ist in erster Linie das Zuhören und Wahrnehmen, das Nicht-Beurteilen und Ergründen.

Unsere Reaktion als Begleiter, als Betreuung sollte nur so weit darauf eingehen, nach den gewünschten *Reiseplänen* zu fragen, ob es dort schön sein wird, ob sich bereits ein Reisefieber eingestellt hat oder ihn jemand dort erwartet.

Geben wir dem Sterbenden Raum und das Recht auf seine Äußerungen. Lassen wir uns auf die seelische Ebene des Gesagten ein und nehmen dem Sterbenden nicht mit rationalen Aussagen die Hoffnung auf sein inneres Erleben.

Manchmal ist es so, dass der Sterbende aus einem weit weggetretenen Zustand heraus spricht, seine inneren Erlebnisse darstellt. Es braucht ein gutes Einfühlungsvermögen, um zu wissen, wann unsererseits Beruhigendes oder Antworten vonnöten sind.

Die angeführten Beispiele und Aufzählungen sind keineswegs vollständig, sie sollen nur einen Einblick in die Vielfältigkeit dieser Thematik geben.

Eine wichtige Bemerkung zur Kommunikation mit Sterbenden. Zusätzlich können sich bei älteren und kranken Menschen am Schluss ihres Lebens Verhaltensweisen zeigen, die sie nie ausleben konnten. Durch den Ablöseprozess wird das energetische Gefüge im Menschen brüchig; und es treten Muster an die Oberfläche der Persönlichkeit, über die der Sterbende keine Kontrolle mehr hat. Bestimmte Charaktereigenschaften, die wir an dem alten Menschen nicht kennen, können in der letzten Lebensphase zum Vorschein kommen. Wie der betroffene Mensch mit seinem Sterben umgeht, hängt auch damit zusammen, wie viel „ungelebtes Leben“ er noch in sich hat. In der letzten Lebensphase kann Versäumtes noch nachgeholt werden. Dinge, die man ein Leben lang weggeschlossen hatte, kommen plötzlich zum Vorschein. Für Angehörige ist das eine große Herausforderung. Auch Begleiter müssen lernen, damit umzugehen.

Wichtig ist, dass wir als Begleiter da sind, auch wenn es schwer oder langweilig ist und gerade überhaupt keine Veränderung sichtbar wird. Jeder Mensch stirbt auf seine eigene Art und Weise.

Aus diesem Grund gibt es in der Kommunikation mit Sterbenden keine allgemeingültigen Regeln. Es braucht ein offenes Hinhören, ohne zu werten. Mit Hingabe und unserer inneren intuitiven Ebene werden wir verstehen und einfühlsam reagieren können.

Mit dem Voranschreiten des Sterbens wird die sprachliche Kommunikation weniger und schwieriger. Der Sterbende kann sich verbal nicht mehr äußern, das sichtbar und sinnlich angesprochene Fühlen fällt mehr und mehr weg. Es gibt keine adäquaten Reaktionen, keinen für uns verständlichen Dialog mehr. Aber der Sterbende kann uns noch hören.

Dennoch bleibt das Bedürfnis nach Nähe, nach Zuwendung und Liebe!

Der Atem und das geistige Herz im Sterbegeschehen

Neben der sprachlichen Kommunikation gibt es noch andere Wege, um mit Sterbenden in Kontakt zu treten: Eine Möglichkeit im Geistigen und im Energetischen ist die Begegnung von Herz zu Herz. Das Äußerliche spielt dabei keine Rolle mehr, jetzt kommt es auf die innere Verbindung an.

Der Sterbende ist dankbar für jede Form der Zuwendung, für das Gefühl, nicht allein zu sein. Bereits eine kleine Reaktion kann uns überraschen, wie beispielsweise ein tiefer Atemzug, eine Regung der Hand oder eine Bewegung der Augenlider. Auch andere scheinbare Zufälligkeiten bekommen eine Bedeutung für den Begleiter, der im inneren Dialog mit dem Sterbenden steht. Vielleicht ist es ein Traum, der dem Begleitenden eine Antwort auf seine Fragen gibt, oder ein Ereignis in der Natur, beispielsweise eine Feder, die fällt oder ein Vogel, der sich zeigt und den Angehörigen tief berührt. Denken wir daran: Wir als Begleiter sind ebenso wie der Sterbende in einer energetischen Ausnahme-Erfahrung.

Treten wir also dem Sterbenden mit offenen Herzen und mit Achtsamkeit entgegen, so können wir kleinste Regungen wahrnehmen. Er erhält von uns wortlos das Gefühl, nicht allein zu sein. Wenn wir uns in der Situation nicht sicher sind, können wir den Sterbenden auch leise ansprechen, ihn um entsprechende Signale bitten. Achten wir auf kleinste Impulse und Regungen, die in uns eine Antwort auslösen können.

Herzkontakt – Herzatmung

Setze dich, wenn möglich, auf die rechte Seite neben den Sterbenden. Komm in die Stille. Atme ein paar Mal bewusst ein und aus. Nimm tiefe Atemzüge. Atme durch den Mund aus.
Nun bleibe in einem ruhigen Atemrhythmus. Richte deine Aufmerksamkeit und deinen Atem direkt in dein Herz. Du kannst auch, als Unterstützung zum Bewussterwerden, deine Hand auf dein Herz legen. (Spüre die Stille, atme)
Fühle dich nun bewusst im Herzen. (Stille, und atme)
Nimm einen kleinen Lichtpunkt im Herzen wahr. So hast du Kontakt mit deinem Seelenselbst. (Spüre die Stille, atme)
Spüre die Herzensqualität als Liebe. (Spüre die Stille, atme)
Als Mitgefühl (Stille, und atme)
Als Bedingungslosigkeit. (Spüre die Stille, atme)
Als Frieden. (Spüre die Stille, atme)
Als Akzeptanz. (Spüre die Stille, atme)
Atme und bleibe im Herzen.
Halte deine Aufmerksamkeit weiter bei dem visualisierten Lichtpunkt.
Wende nun deine innere Aufmerksamkeit dem Menschen zu, bei dem du sitzt. Sei offen für die Präsenz des sterbenden Menschen, ohne dass du selbst aus der Verbindung deines Herzens heraustrittst.
Empfange seinen Zustand, nimm sein Leiden, sein Wesen, seine Persönlichkeit wahr und öffne dein spirituelles Herz dafür.
Sei offen. (Spüre die Stille, atme)
Sage innerlich und spüre es: „Ich nehme dich wahr, ich spüre dein Leiden, ich gewahre dein Wesen.“ Atme dabei ein.

Halte die Verbindung zu deinem Herzen.
Mit dem Ausatmen spüre nun deine Liebe, dein Mitgefühl, deine Freude, deinen Frieden als heilende Lichtenergie, lass dieses Licht sich ausdehnen und den Menschen vor dir eingehüllt sein. (Trotz geschlossener Augen)
Du selbst spürst diese Liebe, dieses Mitgefühl, wie es sich mehr und mehr ausdehnt.
(Spüre die Stille, atme)
In deinem Herzen ist das, was Leiden oder Belastendes ist, durch das Licht transformiert. (Spüre die Stille, atme)
Das Licht selbst steht für das Mitgefühl, für die Leichtigkeit und für die Liebe. Mit dem Ausatmen sendest du dieses Licht als Liebe, als Leichtigkeit und Mitgefühl aus.
(Spüre die Stille, atme)
Gewahre, wie aus deinem Herzen das Licht ausstrahlt. Das strahlende Licht durchdringt den Körper des lieben Menschen vor dir.
„Ich strahle Mitgefühl zu dir."
„Ich strahle Freude zu dir."
„Ich strahle Liebe zu dir."

Nun beende deine kleine Herzensatmung.

„Ich bedanke mich bei meinem spirituellen Herzen. Für die Unterstützung, als Liebe, als Mitgefühl, als Kraft. Mögen alle Wesen Glück und Frieden erfahren. Mögen alle Wesen vereint sein im wahren Licht. Mögen alle Wesen Unsterblichkeit und Ewigkeit erfahren."

Atmen mit dem Sterbenden

Eine der einfachsten Möglichkeiten mit dem Sterbenden in Kontakt zu kommen, besteht darin, gemeinsam mit ihm zu atmen. Das erfordert Achtsamkeit, Konzentration, Offenheit und Bewusstheit.

Wenn der sterbende Mensch die Augen geschlossen hat und er ruht oder schläft, dann tritt leise an das Bett heran und begrüße ihn mit leiser und klarer Stimme, flüstere nicht. Sage ihm, wer du bist und dass du dich neben ihn setzen wirst und mit ihm atmest, bei ihm bist.

Setze dich – wenn möglich – an seine rechte Seite. Alles Störende wie Handy, Radio und Fernseher sollten ausgeschaltet sein. Für die Zeit der Übung von etwa zwanzig Minuten sollte eine möglichst ruhige und ungestörte Atmosphäre herrschen. Bitte darum, wenn möglich, dass niemand das Zimmer betritt.

Komm selbst in die Ruhe. Atme bewusst und ruhig. Lege dann deine Hand leicht, sanft und ohne Druck auf die Hand des Sterbenden. Eine zarte Berührung reicht.

Versuche jetzt wahrzunehmen, in welchem Rhythmus der Sterbende atmet. Achte nur auf seine Atemzüge. Stimme dich darauf ein, bis du schließlich selbst im gleichen Rhythmus mitatmest.

Sollte der Atem des Sterbenden sehr langsam gehen, wähle einen doppelten Rhythmus, sodass du bei jedem zweiten Atemzug synchron bist. Wenn der Sterbende zu schnell für dich atmet, so mach nur jeden zweiten Atemzug mit. Du selbst solltest nicht außer Atem geraten oder zu wenig Luft bekommen.

Der Atemrhythmus des Sterbenden kann auch sehr unregelmäßig sein. Du wirst den Eindruck haben, dass sich kein wirklicher Rhythmus zeigt. Dann sollte es genügen, immer wieder mit dem Sterbenden im Gleichklang zu atmen, aber nicht seine Unregelmäßigkeit mitzuatmen. Dieses Einschwingen kann mehrere Minuten dauern.

Sobald du das Gefühl hast, mit dem Sterbenden einen guten gemeinsamen Atemrhythmus gefunden zu haben, drücke bei jedem Einatmen den Handrücken des Sterbenden leicht und lasse beim Ausatmen den Druck wieder los.

Atme auf diese Weise etwa zwanzig Minuten lang oder so lange, wie es sich gut anfühlt. Bleibe ruhig und gelassen, dennoch voll konzentriert.

Das gemeinsame Atmen hat etwas sehr Meditatives. Es stellt sich eine tiefe innere Begegnung ein, ein intensives Miteinander. Das geschieht ganz ohne Worte, nur über den Atem. Es ist die Herzensebene, die sich verbindet. Im Miteinander-Atmen gibst du etwas von dir selbst.

Achte darauf, auf den Atem konzentriert zu bleiben. Schweifen deine Gedanken ab, so erinnere dich wieder an den Atemrhythmus.

Wenn du das Gefühl hast zum Ende zu kommen, so lege deine Hand noch mal fester auf den Handrücken des Sterbenden. Sage ihm mit klarer fester Stimme, dass du jetzt gehen wirst und verabschiede dich. Wichtig ist, ein klares Signal zu geben, damit der Sterbende versteht, dass du jetzt gehst und diese Begegnung beendet ist.

Begib dich anschließend wieder bewusst in deine Körpergegenwart. Wichtig ist, den Tag und deinen Körper wieder wahrzunehmen, und sei dir deines eigenen Atemrhythmus' bewusst.

> Wenn du stirbst, hörst du nicht auf zu existieren, du wirst kein Geist, du bist schon immer geistig.
>
> Tom Johanson

Theoretischer und realistischer Sterbeverlauf

Die medizinische Wahrnehmung des Sterbens

Jeder Mensch ist ein individuelles Wesen und hat seine eigenen Sterbephasen. Sie können kurz oder auch lang andauern. Sie verlaufen völlig unterschiedlich. Es gibt jedoch Anzeichen und körperliche sowie seelische Veränderungen, die bei Sterbenden auftreten und lediglich zur etwaigen Orientierung dienen.

Selbst den Ärzten und dem Pflegepersonal sind die Abläufe nicht in allen Einzelheiten bekannt. Der folgende Blick auf die Sterbephasen bezieht sich erst einmal auf eine medizinisch-pflegerische Zustandsbeschreibung.

Die Sterbephasen werden grob in drei Phasen eingeteilt.

1. Die Rehabilitationsphase

In dieser Phase kann es dem Schwerkranken meist noch gut gehen und er führt weitestgehend ein selbstbestimmtes Leben. Der Mensch ist möglicherweise noch in Abläufe seines Umfeldes einbezogen und kann vieles selbstständig erledigen. Eventuell kann durch eine Verbesserung des Krankheitsbildes die Möglichkeit gegeben sein, eine Umkehr zu erzielen. Diese Phase kann Monate, manchmal auch Jahre andauern.

2. Die Terminalphase

Jetzt nehmen die körperlichen Probleme an Schwere zu. Der Mensch wird schwächer und er liegt vermehrt im Bett. Er benötigt jetzt mehr Pflege und Unterstützung. Die Selbstbestimmtheit nimmt ab. Er hat weniger Interesse an seiner Umgebung, auch am eigenen Leben. Wenn die Symptome der Erkrankung stärker werden, naht die nächste Phase. Die Wahrscheinlichkeit, in den nächsten Wochen zu sterben, nimmt zu. Auch die Terminalphase kann Wochen oder Monate dauern. Eine Zeit des Ruhebedürfnisses und des Rückzuges beginnt. In den letzten Tagen vor dem Tod schlafen die Menschen sehr viel. Sie sind matt und ziehen sich sichtbar in sich zurück. Das sind die ersten markanten Zeichen für einen einsetzenden Sterbevorgang. Der Stoffwechsel im Körper wird zurückgefahren. Die Laborwerte von Blut und Urin sind schlechter.

3. Die Finalphase

Diese Phase beinhaltet den Sterbeprozess, der einige Tage oder wenige Stunden vor dem Tod beginnt. Die Vitalfunktionen verringern sich deutlich. Der Sterbende wird immer schwächer. Medikamente werden auf das Notwendigste begrenzt. In der Regel wünschen die meisten Patienten keine Linderung der Schmerzen und Leiden mehr. Das Ziel der medizinischen Begleitung ist es, sie so wenig wie möglich mit Medikamenten zu belasten. Eine Verlegung noch kurz vor dem Tod ist selten sinnvoll und immer eine große Strapaze für den Sterbenden. Oft beeinträchtigt ein zu großer Aktionismus den Sterbeprozess. Ein gutes Einfühlungsvermögen und Erfahrung sind hilfreich.

Anzeichen des nahenden Todes

Die folgenden Anzeichen beziehen sich hauptsächlich auf die Terminal- und Finalphase. Sie treten meist bei Menschen mit schweren Erkrankungen auf. Es müssen nicht alle auftreten, vielleicht sind es nur ein oder zwei Merkmale.

- Fehlender Puls am Handgelenk, verminderte Urinmenge, Rasselatmung, die sogenannte Cheyne-Stokes-Atmung*, Atmung mit Unterkieferbewegungen, fehlender Pupillenreflex, fehlender Lidschluss, Blutung aus dem Magen, Überstrecken des Halses, keine oder wenig Reaktion auf Ansprache, wenig Reaktionen auf Bilder und auf Gesichter, spitze Nase, blass um die Nase herum.
- Veränderungen des Stoffwechsels
  Die Körperfunktionen werden langsamer und reduzieren sich. Die Nierenfunktion lässt nach, was auch mit der reduzierten Flüssigkeitsaufnahme zu tun haben kann. Der Urin sieht sehr dunkel aus und riecht streng. Der Körpergeruch kann sich durch den heruntergefahrenen Stoffwechsel unangenehm verändern. Eine gute Körperpflege, wenn noch möglich, und Lüften ist empfehlenswert. Raumerfrischer oder Duftöle sollten in Absprache mit dem Sterbenden und mit Bedacht eingesetzt werden.
- Kein Hunger und Durstgefühl
  Durch die Umstellung des Stoffwechsels schüttet das Gehirn Botenstoffe aus, die den Hunger und Durst stillen. Der Sterbende möchte wenig oder gar nichts mehr essen. Das hat auch damit zu tun, dass Schmerzen weniger intensiv empfunden wer-

* Cheyne-Stokes-Atmung: Atemrhythmus mit stark wechselnder Frequenz und Amplitude, mit gelegentlichem Atemstillstand von bis zu 30 Sekunden.

den, wenn der Körper keine Nährstoffe mehr aufnimmt. Angehörige verunsichert das oft. Sie befürchten, dass der Patient verhungern oder verdursten würde und bitten nicht selten um Magensonden und künstliche Ernährung. Das Aufdrängen von Flüssigkeit, Nahrung oder Sauerstoff bereitet dem Sterbenden in der Regel mehr Schmerzen als Nutzen.

- Kaum noch Ausscheidungen
  Die Magen- und die Darmfunktion werden stillgelegt, die Nieren sind nicht mehr ausreichend durchblutet und produzieren kaum noch Urin. Das Blut wird nicht mehr in den Nieren gereinigt und es sammeln sich Stoffwechselreste im Blut an. Das hat zur Folge, dass Schlackstoffe das Gehirn lähmen – der Sterbende wird irgendwann bewusstlos.
- Kalte Hände und Füße
  Der Kreislauf ist zentralisiert, also auf die wichtigsten Organe im Körperinneren konzentriert: Auf Lunge, Herz und Gehirn. Der Puls wird schneller und schwächer. Die Hände und Füße werden zunehmend kälter. Durch die Zentralisierung des Kreislaufs kann man erkennen, wie sich die Nägel bläulich verfärben. An der Körperunterseite bilden sich dunkle Flecken. An Füßen und Unterschenkeln lagert sich Blut in den Gefäßen ab, das nicht mehr zurücktransportiert wird und dadurch charakteristische Flecken bildet, *Marmorierung* genannt.
  Ebenso kann das Phänomen von Hitze entstehen und der Sterbende möchte keine Bettdecke mehr und strampelt diese weg. Auch kann er sich über zu viel Wärme beklagen, selbst wenn das offene Fenster Kühle hereinlässt. Hier können kalte Fußwickel hilfreich sein. Manchmal bittet der Sterbende auch um Eiswürfel oder eiskaltes Wasser.
- Veränderung des Bewusstseins
  Mit dem veränderten Stoffwechsel ändert sich häufig auch das

Bewusstsein von Sterbenden. Manchmal sind sie noch sehr klar, bei anderen trübt sich das Bewusstsein ein, und sie äußern Dinge, die Außenstehende nicht verstehen können oder als Verwirrtheit wahrnehmen.

Sterbende befinden sich häufig in dieser Zeit in einem Halbschlaf, in einem Dämmerzustand oder halten die Augen geschlossen, da sie keine Kraft mehr haben, diese offenzuhalten. Für den Angehörigen wirkt der Blick daher abwesend, als schaue der Sterbende in eine andere Dimension.

Manchmal sind sie aber auch in den letzten Stunden oder Tagen vor ihrem Tod noch einmal sehr klar, sie blühen noch einmal auf, haben wieder Appetit und Durst und wirken, als ginge es ihnen besser. Das kann darauf hindeuten, dass es sich um einen letzten Energieschub kurz vor dem eintretenden Tod handelt.

- Das markante „Todesdreieck“ um die Nase

  In den letzten Stunden vor dem Tod wird das Gesicht sehr blass, oft vor allem um Lippen und Nase herum. Es wird als das markante „Todesdreieck“ bezeichnet. Das ist ein typisches Zeichen für den nahenden Tod.

- Unruhe

  Häufig werden fahrige Bewegungen beobachtet, auch scheint es so, als wenn der Sterbende etwas greifen will, die Arme werden nach oben gehoben. Es zeigt sich beispielsweise ein Zupfen an der Bettwäsche und eine Unruhe in den Füßen.

- Veränderung des Atems

  Der Atem von Sterbenden verändert sich. Er wird meist schneller und flacher, kann jedoch auch unregelmäßig und verlangsamt sein. Es kommt zu röchelnden Geräuschen beim Atmen, was daran liegt, dass der angesammelte Schleim im Hals nicht mehr abgehustet werden kann. Sofern dieses Röcheln nicht zu stark wird, beeinträchtigt es den Sterbenden nicht. Indem der

Oberkörper des Sterbenden hoch gelagert oder er in eine Seitenlage gebracht wird, kann das Geräusch reduziert werden. Viele Sterbende haben in der letzten Phase die *Rasselatmung*. Es ist aber keine Belastung für sie.
Durch das schwere Atmen trocknen der Mund und die Schleimhäute aus – ein feuchtes Abtupfen mit einem Schaumstoffschwämmchen bewirkt eine Erleichterung.

- Weitere Körperfunktionen nehmen ab
  Die Hirnaktivität wird kurz vor dem Tod weniger. Das Seh- und Hörvermögen nimmt immer mehr ab. Die Augen werden eingefallener und tiefer, der Blick ist in die Weite gerichtet und die Pupillen reagieren immer weniger auf Licht. Der Mund steht eventuell offen. Die Gesichtsfarbe wird fahler und blasser. Angehörige müssen häufig sehr nah an den Sterbenden herantreten, um ihn noch zu verstehen oder um ihm etwas sagen zu können. Wenn die Stimme ganz versagt, ist es sinnvoll, vorher einige Zeichen zu vereinbaren. Wichtig ist, einfühlsam mit dem Sterbenden umzugehen und behutsam herauszufinden, was er möchte.
  Pflege, Berührung und Geborgenheit sind noch immer wichtig. Obwohl der Patient bewusstlos ist, gehen erfahrene Ärzte und Pfleger davon aus, dass die Sterbenden spüren, wenn sie umsorgt werden. In dieser Phase des veränderten Bewusstseins ist Berührung wichtig! Wir müssen davon ausgehen, dass der Hörsinn noch da ist. Es kann auch leise vertraute Musik vorgespielt werden. Mit dem hindämmernden Sterbenden kann man sprechen, mit ihm beten, ihm vorlesen, leise singen, auch Streicheln und Umarmen können ihm guttun. Feingefühl und das Wissen um die zu Lebzeiten bevorzugten Bedürfnisse, die wir entweder zuvor erfragt haben oder um die wir als nahe Angehörige wissen, ist hilfreich.

Um etwas zu tun, muss man auch bereit sein, nichts zu tun.

Anzeichen wenige Stunden vor dem Tod

Folgende Anzeichen deuten auf den bald eintretenden Tod hin.

- Tief eingefallene Augen.
- Pupillen reagieren kaum noch auf Licht.
- Meistens steht auch der Mund kurz vor Todeseintritt offen.
- Die Farbe des Gesichts kann sich zudem verändern, Nase und Mund wirken dann etwas gräulich. Das helle markante Todesdreieck.
- Hände und Füße blass und marmoriert.
- Es können sich dunkle Flecken an der Körperunterseite bilden, die sich vor allem an Händen und Füßen zeigen.
- Atempausen werden länger und der Puls immer schwächer.
- Manchmal, kurz vor dem Sterben, im Sinne eines letzten Aufbäumens noch überraschend helle Momente.
- Schnappatmung.

Zuletzt bleibt das Herz ganz stehen, die Sauerstoffversorgung des Körpers bricht zusammen. Die Organe werden nicht mehr versorgt.

Viele Palliativmediziner und Pflegende berichten, dass sie bei Schwerkranken oder sehr alten Menschen in der Regel keinen dramatischen Todeskampf beobachten, die Mehrzahl stirbt friedlich. In den anderen Fällen werden Menschen sehr unruhig, verändern sich als Person stark, schreien, haben Luftnot, Erbrechen oder schlagen um sich. Aus meiner Wahrnehmung heraus ist das das Bild eines „Todeskampfes", der sich mehr auf der körperlichen Ebene darstellt, während der Sterbende in seinem weggetretenen Bewusstseinszustand es nicht mehr realisiert. Mit gut dosierten Schmerzmitteln und Beruhigungsmitteln ist es möglich, die letzte Phase so zu begleiten, dass das Lebensende nicht zum Todeskampf wird. Wobei immer eine objektive Beurteilung vonnöten ist, ob Schmerzmittel eingesetzt werden. Der sterbende Mensch steht immer an erster Stelle.

Zusammenfassung

Das Sterben ist einzigartig, so wie der Mensch einmalig ist. Ob wir uns mit dem Sterben schon im Vorfeld theoretisch auseinandergesetzt haben oder Erfahrungen durch Begleitungen machten, es ist nie ein eigenes Erleben. Das geschieht erst dann, wenn der Tod an unsere eigene Lebenstür klopft.

- Die Medizin beschreibt drei Phasen: Rehabilitationsphase, Terminalphase, Finalphase.
- Physische Veränderungen: Berührungen, Essen und Trinken, fehlende Orientierung, Unruhe, körperliche Veränderungen, Schlaf und Koma.
- Mögliche Anzeichen des nahen Todes: Die Augen sind offen oder halb offen, der Blick ist in die Ferne gerichtet, der Mund ist offen, der Puls wird schwächer, kalte Extremitäten, Pupillen reagieren immer weniger auf Lichteinwirkung, wenig oder keine Reaktionen mehr auf die Umwelt.
- Der Tod tritt ein, wenn der Herzschlag, der Atem und die Hirnaktivitäten aufgehört haben.
- Die beschriebenen Zeichen können, müssen aber nicht auftreten. Manchmal zeigen sich lediglich wenige oder eventuell keine davon.

Das Sterben zulassen – alles hat seine Zeit

Angehörige möchten oft nicht, dass ihr geliebter Mensch von ihnen geht und stirbt. Wir alle müssen diesen Teil am Ende des Lebens aber akzeptieren und auch zulassen. Wenn der Sterbende seinen Tod wünscht und sich darauf eingestellt hat zu gehen, wird es Zeit, ihn loszulassen.

Es ist tröstlich, wenn die Angehörigen beim letzten Sterbemoment, beim Übergang dabei sind. In der Regel möchte niemand einsam sterben. So, wie wir jemanden verabschieden, der sich auf eine große Reise macht, so ist es tröstlich in diesem Augenblick anwesend zu sein. Der Tod fordert jedoch seine eigene Zeit. Manchmal kommen Angehörige zu spät oder genau beim Eintreffen eines wichtigen Angehörigen macht der Sterbende seinen letzten Atemzug. Das kann ein letztes Mitwirken des Sterbenden sein, selbst wenn er im Koma liegen sollte.

Angehörige berichten auch davon, dass sie aus dem Sterbezimmer geschickt wurden, und in dem Moment, als sie hinausgingen, der Sterbende seine Augen für immer geschlossen hat. Möglicherweise war es genau dieser Impuls, jetzt mit sich allein zu sein. Alles wird von einer inneren Bewusstseinsebene des Sterbenden gelenkt. Das haben wir zu respektieren, im Vertrauen auf ein Naturgesetz, das hinter allem gütig wirkt.

Im *Buch der Prediger* in der Bibel heißt es: *„Alles braucht seine Stunde und seine Zeit.“* Das gilt insbesondere auch in der Sterbebegleitung. Es ist eine herausfordernde und eine beschenkte Zeit des Reifens und des Geschehenlassens.

Nach dem Tod – nach dem Übergang

Feststellung des Todes

Woran erkennen wir nun, dass der Tod eingetreten ist? Es ist die Stille, es ist ein unbeschreiblicher Moment von Frieden und Andacht, der uns Anwesende nicht auffordert, irgendetwas tun zu müssen, es geschieht einfach. Noch sind wir in der Erwartung, kommt noch ein letzter Atemzug, hebt sich der Brustkorb noch einmal, hören wir noch einmal ein letztes Ausatmen? Nur friedliche Stille. Die Zeit scheint still zu stehen.

Wenn der Tod im eigenen Zuhause stattgefunden hat, muss ihn zunächst ein Arzt bei der verstorbenen Person feststellen und dies mit einem Totenschein bestätigen. Erst danach dürfen pflegerische Maßnahmen erfolgen.

Aus schulmedizinischer Sicht erkennen wir die folgenden Zeichen: Kein fühlbarer Puls, kein Atem, Blässe der Haut, fehlender Pupillenreflex. Die Schließmuskelreflexe lassen nach, es kann zu einer Entleerung von Urin und Stuhl kommen, sofern sich noch solches in Blase oder Darm befindet.

Als sichere Todeszeichen gelten in der Medizin:

1. Totenflecke: Diese zeigen sich etwa eine halbe bis eine Stunde nach dem Eintritt des Todes. Da das Herz still steht und somit fließt das Blut nicht mehr, sinkt es, der Schwerkraft folgend, nach unten. Wenn ein Mensch auf dem Rücken liegend gestorben ist und später gedreht wird, werden diese an der rückwärtigen Körperhälfte sichtbar.
2. Totenstarre: Die Muskulatur erstarrt, hervorgerufen durch einen chemischen Prozess im Körper. Sie setzt normalerweise

etwa zwei Stunden nach Eintritt des Todes ein und lässt nach vierundzwanzig Stunden wieder nach.

Abschied nehmen

Nach dem Feststellen des Todes durch einen Arzt werden die Augenlider geschlossen und das Kinn hochgebunden. In der Regel wird eine Rolle unter das Kinn gelegt. Es können auch für eine Stunde feuchte Wattebäusche auf die Augenlider gelegt werden, falls diese sich wieder öffnen.

Menschen, die länger bei dem Verstorbenen sitzen, nachdem die ersten kleinen obengenannten Handlungen vorgenommen wurden, stellen fest, dass der Leichnam immer noch warm ist und sich nach einer Weile ein befriedeter Gesichtsausdruck auf dem Antlitz abzeichnet. Der Körper kühlt pro Stunde etwa ein halbes bis ein Grad ab.

Verstorbene werden in vielen Kulturen gewaschen und neu bekleidet. Das Waschen und neu Ankleiden des Toten kann für die Angehörigen als letzter Akt der Zuwendung sehr tröstlich sein. Oft verrichtet das Pflegepersonal diese Arbeit. Dabei werden in der Regel auch Hörgeräte, Pflaster oder Katheter entfernt. Dies sollte vom Pflegepersonal getan werden. Hatte die verstorbene Person eine Infektion, ist es besser, wenn die Angehörigen vom Pflegepersonal beim Waschen unterstützt werden. Dieses weiß, wie es mit Infektionen und dem Schutz davor umgehen muss. Zahnprothesen werden gereinigt und wieder eingesetzt, frische Inkontinenzmittel angelegt. Schmuck sollte entfernt werden. Das letzte Mal werden die Haare schön gekämmt. Frische Wäsche, vielleicht die Lieblingskleidung wird angezogen. Die Hände sollten übereinander oder neben den Körper gelegt werden. Das Falten der Hände kann später beim Bestatter Probleme bereiten.

Es ist gut, wenn wir als Angehörige den Sterbenden in den letzten Lebensstunden begleiten – der Tod gehört zum Leben. Die Stunden nach dem Ableben sind ein Teil des weiteren Begleitens. Durch Unerfahrenheit, Ängste oder auch Missverständnisse sind manche Angehörige der Meinung, dass dies Aufgabe des Bestattungsunternehmens oder des Pflegepersonals sei.

Das ist legitim, denn dies sind Menschen, die im Umgang mit dem Sterben und dem Tod geübt sind. Sofern ein Todesfall zu erwarten ist, empfiehlt es sich, vorab entsprechende Literatur aus den vielen hilfreichen Angeboten zur Hilfe zu nehmen.

Die Zeit der Ruhe und des weiteren Abschieds

Alles, was das Pflegerische betraf, ist nun weitestgehend erledigt. Für die Angehörigen wird eine ruhige und friedliche Atmosphäre im Raum geschaffen. Das sollte auch schon in der Zeit kurz vor dem Sterben so gewesen sein. Wir können mit der verstorbenen Person so wie vor dem Sterben sprechen. Sie ist anwesend. Sie kann uns hören.

Der Ort, an dem ein Mensch gestorben ist, ist für einige Stunden oder Tage, ein wichtiger Ort der Andacht, des Abschieds und der Besinnung. Das Zimmer ist nun ein Ort der Begegnung und der Stille. Es können Blumen und Kerzen aufgestellt werden, die Besucher dürfen kommen, sich an das Sterbebett setzen und in einen inneren Dialog mit dem Verstorbenen treten.

In manchen Krankenhäusern oder Pflegeeinrichtungen gibt es Verabschiedungsräume, die für den Verstorbenen und die Angehörigen zur Verfügung gestellt werden. Gut ist es in jedem Fall, in den entsprechenden Einrichtungen nachzufragen, ob das Personal bei den letzten Ritualen behilflich sein kann.

Manche Beerdigungsinstitute bieten dies auch in den eigenen Räumen oder auf dem Friedhof an und holen den Verstorbenen zeitnah, gleich nach dem Versterben ab.

Da in unseren westlichen Breitengraden erst nach drei Tagen beerdigt wird, ergibt sich die Gelegenheit, den Verstorbenen bei sich zu Hause aufzubahren, in der Regel für sechsunddreißig Stunden. Je nach klimatischen Bedingungen ist die Zeit dann zu verkürzen. Selbst bei warmen Temperaturen ist in den ersten zwölf Stunden nicht mit beeinträchtigenden Gerüchen zu rechnen.

Die Tage nach dem Sterben, bevor die Beerdigung und eine Abschiedsfeier organisiert werden, sind für die nahen Angehörigen und ihrem Umgang mit der Begleitung des Sterbeprozesses eine wichtige Zeit der Realisierung und auch der Möglichkeit, sich wieder in eine weltliche Zeitwahrnehmung einzufinden. Hiermit ist vor allem die Zeit der bewussten Wahrnehmung der Veränderungen gemeint, die sich nach dem Ableben des Angehörigen ergeben. Ohne Zweifel sind die behördlichen Angelegenheiten ein Bereich, der uns schnell wieder ins weltliche Leben zurückbringt.

Die Rituale, die wir individuell oder wiederum dem Kulturkreis entsprechend kurz nach dem Tod gestalten können, sind ein wichtiger Schritt, um in Berührung und im geistigen Kontakt mit dem Verstorbenen zu bleiben.

Da wir alle wissen, dass wir eines Tages sterben werden, können wir unseren Angehörigen zuliebe, die Dinge für die Zeit nach unserem Ableben bereits regeln. Im Anhang (Seite 157) findet sich dazu eine Auflistung von wichtigen Aufgaben und Abklärungen.

Zusammenfassung

- Werden wir als Begleiter nicht gleich aktiv. Geben wir der Stille und der Besinnung für diesen Augenblick des Übergangs Raum: Gebete, leise und verinnerlicht mit dem Verstorbenen sprechen – er kann uns hören –, sich Zeit lassen.
- Verständigung des Arztes. Ausstellen des Totenscheins, wenn es mitten in der Nacht ist, kann es auch bis zum nächsten Morgen warten.
- Nach der ersten oder zweiten Stunde, vor dem Einsetzen der Leichenstarre, den Verstorbenen zurechtmachen, mit Respekt und Achtung (ggf. muss zu Hause erst der Arzt abgewartet werden, der den Tod amtlich feststellt).
- Den Verstorbenen mit erhöhtem Kopf hinlegen, Waschungen, neu einkleiden, behutsames Schließen der Augenlider und des Mundes, kleine Handtuchrolle unter das Kinn legen, eventuell frische Inkontinenz-Hose anziehen.
- Medikamente und pflegerische Hilfsmittel entfernen.
- Frische Blumen, ein paar Blütenblätter auf den Leichnam legen, Kerzen anzünden.
- Aufbahrung bis zu vierundzwanzig Stunden, eventuell sechsunddreißig Stunden möglich.
- Beim Verstorbenen verweilen, Gebete sprechen, innere Ruhe. Sich mit anderen Menschen bei der Totenwache für den Verstorbenen ablösen.
- Verständigung des Bestattungsunternehmens, Organisation der Bestattung, der Anzeigen und der weiteren Formalitäten.

> Geburt und Tod sind nicht zweierlei Zustände,
> sie sind zwei Aspekte desselben Zustands.
>
> Mahatma Gandhi

Die Sterbephasen aus spiritueller Sicht und die damit verbundenen Aufgaben

Von einer geistigen Warte aus betrachtet, sind Geburt und Tod, die zwei Übergänge – ins Leben hinein und aus dem Erdenleben wieder hinaus –, bedeutsame Ereignisse, die in ihrer wahren Bedeutung nur dann verstanden werden können, wenn wir den Menschen als Wesen mit einem geistigen Urgrund verstehen.

Jeder Mensch hat Berührung mit der geistigen Welt. Es gibt viele Gelegenheiten, diese Nahtstellen zu der transzendenten Dimension zu erleben. In der Regel erfahren wir sie bei der Taufe, einer Hochzeit, bei besonderen Ereignissen wie einer wundersamen Genesung, einer Heilung oder einer Segnung. Diese Berührung bezeichnen wir schnell als außergewöhnlich, himmlisch oder göttlich. Damit beschreiben wir, dass sich etwas außerhalb unseres rationalen Erklärens ereignet hat.

Sterben läuft nach natürlichen Gesetzen ab. Unsere bisherigen Wahrnehmungen und Beobachtungen können gut in ein erweitertes Konzept eingebracht und somit besser verstanden werden. Andere Kulturen haben durch einen metaphysischen Ansatz einen besseren Zugang zum Leben und zum Sterben. Sie verstehen den Tod als Wechsel in eine erweiterte Dimension.

Bereits die alten Kulturen der Ägypter und des Tibetischen Buddhismus haben ausführlich die Sterbephasen beobachtet und beschrieben, dies aber in einer Sprache, die uns heutzutage fremd ist, weil sie vor dem damaligen kulturellen und religiösen Hintergrund zu verstehen ist. Diese Kulturen haben den Sterbeprozess intensiver erforscht, weil dafür bessere klimatische Bedingungen vorherrschten.

In Tibet gibt es die kalte Trockenheit im Gebirge. Bei den Ägyptern ist es die trockene Hitze in der Wüste. Um den Prozess während des Sterbens und danach zu beobachten, durfte der Körper nicht so schnell verfallen. Die alten Ägypter hatten viele rituelle Praktiken, bei denen es darum ging, den Verstorbenen nach dem physischen Ableben durch die anderen, feineren Welten zu geleiten. Sie gingen davon aus, dass auch Gegenstände ein Energie-Doppel haben. Daher wurden für den Weg in die höheren Welten viele Grab-Beigaben mitgegeben.

In anderen Gegenden der Welt, wie etwa in Indien, haben wir ein Klima der feuchten Hitze. Ich habe viele Male in der heiligen Stadt der Hindus, Varanasi, das Einäschern der Leichname beobachtet. Dort verwest der Körper rascher und auch das Sonnenlicht ist an einer schnellen Auflösung beteiligt. Daher wird der Leichnam dort noch am selben Tag zur Zeremonie getragen. In den heiligen Ritualen, die ich beobachtet habe, wurden auch die fünf Elemente miteingebunden.

Das Leben ist immer vorwärts gerichtet. So sind es auch die Geburt und das Sterben. Sterben ist ein Naturgesetz und durchläuft in Phasen alle Elemente. Die zeitliche Abfolge durch die Elemente hindurch erfolgt wellenartig. Vier Phasen können irdisch wahrgenommen werden, zwei weitere sind für uns Menschen nicht sichtbar. Es ist immer derselbe Ablauf, egal auf welche Weise ein Mensch oder auch ein Tier stirbt.

Der Mensch besteht zu mehr als fünfzig Prozent aus Geistigem. Im Sterben schält sich der geistige Teil des Menschen vom Körper ab. Die materielle Hülle wird in einer feiner und feiner werdenden Wandlung abgelegt. In der Regel ist es ein längerer Übergangsprozess, nach irdischen Maßstäben, während der Mensch sich in den neuen Lebenszustand hineinschwingt.

Im Sterbeprozess verändern sich die energetischen Zustände derart stark, dass Schwächen im Körper entstehen und einzelne Organe ihren Dienst aufgeben, um ihre Energie an andere Bereiche abzugeben. Im Verlauf des Sterbens, des Übergangs wird diese Energie freigesetzt. Das ist auch im Sterbezimmer spürbar.

Sobald ein Mensch schwer erkrankt, treten ähnliche Lockerungszustände auf. Die Elemente im feineren Körper beginnen zu vibrieren, vor allem das Erd-Element. Das kann den Menschen so ergreifen, dass er in einen Entscheidungsprozess hineinkommt, auf welche Seite des Lebens er gehen will. Manchmal sagen Menschen, dass sie sich sterbenskrank fühlen oder sie am liebsten sterben würden. In so einer Krankheitssituation entsteht das Empfinden, zwischen Leben und Tod zu schweben, zwischen Himmel und Erde.

Eine schwere Krankheit ist eine Zäsur im Leben, und der Mensch geht daraus verändert hervor. Die Persönlichkeit ist zwar noch da, aber etwas anderes, seinem Wesen entsprechend, wurde aktiviert. Dann sagt der Mensch, es sei nicht mehr wie vorher in seinem Leben. Die Wahrnehmung zum Leben und das Bewusstsein hat sich verändert. Im Leben werden Wandlungsprozesse oft durch Krankheiten initiiert.

Das Natürlichste für den Menschen wäre, sich aus dem Leben zu „verlichten". Das kann vom Sterbenden tatsächlich manchmal wahrgenommen werden und er spricht es an. Er sagt, dass alles so hell um ihn herum wird. Im Wissen um diese Zustände können wir den sterbenden Menschen ermutigen, weiter ins Licht zu gehen, weiter auf das Licht zu schauen.

Im Sterbeprozess lösen sich die Elemente ineinander auf. Das eine Element nimmt das andere in sich auf. Die Reihenfolge ist dabei umgekehrt zur Entstehung. Manchmal verlaufen diese Auflösungsprozesse sehr langsam über Wochen und Monate. Manchmal aber auch innerhalb weniger Tage. Bei einem Unfall geschieht es in Sekunden. Bei einem schnellen Verlauf sind die Anzeichen nicht so erkennbar wie bei einem langsamen Prozess.

Die fünf ersten nachvollziehbaren Sterbephasen und die darauffolgende sechste Wandlungsphase sind nichts anderes als ein wellenähnlicher Prozess in die Körperlosigkeit.

Der Ätherkörper ist wie ein mit Feuer durchdrungenes feines Netz und entscheidend im Sterbeverlauf. Er wird als ein von hellem Licht durchstrahltes Gewebe beschrieben. Durch den Ätherkörper strömen Energien zur Versorgung der physischen Form. Es ist das Bindeglied zwischen allem Lebendigen und der Materie. Durch ihn sind wir mit allem anderen verbunden und können Kontakt zu anderen Wesen und Lebensformen herstellen, wie etwa zu Pflanzen, Tieren und Mineralien.

Der Ätherkörper ragt über die physische Form hinaus. Er strahlt über die körperliche Begrenzung hinaus und kann von hellsichtigen Menschen wahrgenommen werden. Die Ausdehnung um die Körperhülle kann, je nach gesundheitlichem Status, verschieden weit sein.

Wie ein Netzwerk durchzieht der Äther jeden Teil des physischen Körpers. Ganz besonders ist er mit dem Nervensystem verbunden, dessen Gegenstück er ist. Die Nervenbahnen werden von dem ätherischen Gegenstück genährt, überwacht und mit Energie aufgefüllt. Er besteht aus Millionen von winzigen Energielinien. Diese leiten und führen die Energie, die wiederum mit dem Bewusstsein der betreffenden Person verbunden sind. Das bedeutet, dass alles, was der Mensch fühlt und denkt, einen Einfluss auf die Qualität dieses Energiedoppels und damit auf den physischen Körper hat.

Die Aufgabe des Ätherkörpers ist die feinere Sonnenenergie als Lebensenergie aufzunehmen. Diese wird ebenso durch die Atmung und Ernährung aufgenommen.

Wenn ein Mensch bewusstlos wird, etwa bei einem Unfall, während der Anästhesie oder einer Ohnmacht, kommt es zu einer Überlastung im Ätherkörper und dieser löst sich dann vom physischen Körper. Erlebnisse von Patienten bei Operationen, die sich während der Narkose über dem Operationstisch schwebend erlebten, resultieren aus der Lockerung des Ätherkörpers.

Menschen, die reanimiert wurden, berichten teilweise vom Erlebnis eines Lichttunnels, durch den sie hindurchschwebten. Dieser Tunnel deutet einen Prozess an, bei dem sich der Ätherleib vom physischen Leib trennt. Besondere Aufmerksamkeit sollte die Tatsache erhalten, dass die Patienten alles wahrnehmen konnten, vor allem aber waren sie fähig zu hören.

Der Sterbeprozess geschieht wellenartig, ähnelt dabei den Geburtswehen. Auch dies gilt für jedes Lebewesen. Der Sterbende erlebt es bewusst, insbesondere durch Licht-Erfahrungen. Wenn wir den Sterbenden durch alle Phasen begleiten, im Wissen um die auftretenden inneren Wahrnehmungen, tun wir gut daran, ihn während der fortgeschrittenen Sterbephasen vor dem Übergang zu ermuntern, weiter auf das Licht zuzugehen.

Für den Sterbenden kann es eine große Anstrengung bedeuten, wenn sich diese Prozesse ereignen, weil er alle im und um den Körper fließende Äther-Energie spüren kann. Das bedeutet nicht immer, dass der Sterbende dies weiß, aber aus seinen Reaktionen und aus seinen Äußerungen können wir es erahnen.

Das Sterben ist nicht auf einen Zeitpunkt beschränkt. Vielmehr ist es ein Prozess, der sich oft lange hinziehen kann. Manche Vorzeichen kündigen das Herannahen des Todes an, andere wiederum zeigen uns, in welcher Phase sich der Sterbende befindet.

Die erste Phase – das Erd-Element

Das Erd-Element ist Festigkeit und Verwurzelung mit dem Leben. Wie ein Baum, der mit seinen starken Wurzeln im Leben steht, so lebt der Mensch mit beiden Beinen auf dem Boden. Wenn der Mensch altert, verliert er an Körpermasse, damit verändert sich auch die „Erdung". Seine Muskulatur baut sich langsam ab, und er wird dünner.

Erlebt ein jüngerer Mensch ein Schockerlebnis, wie beispielsweise eine schwere Krankheitsdiagnose, kann ihn das aus seinem Lebenskonzept werfen und damit seine „Erdung" lösen. Dann sind die Dinge nicht mehr so, wie sie vorher waren.

Wenn der Mensch sein entsprechendes Alter erreicht hat, spürt er, dass die Lebenskräfte weniger werden. Altersschwäche oder Altersmüdigkeit verdeutlichen, dass er in eine Phase des Lebens eingetreten ist, die auch auf den nahenden Abschluss seines Lebens hindeuten kann. Ein Drama droht, wenn der Mensch noch nicht bereit ist und sich nicht auf einen naturgegebenen Prozess einlassen kann.

Anfänglich kommen Gedanken in Bewegung, Aufregung breitet sich aus, auch in den einzelnen Elementen. Zumeist wird die erste Sterbephase damit eingeläutet, dass der Patient krank oder alt ist und das Gefühl hat, bald sterben zu müssen. Er berichtet, dass er nicht mehr könne, am Ende seines Lebens angekommen sei. Das deutliche Gefühl, dass das Sterben möglich sei, breitet sich immer mehr aus. Bei dem Gefühl zeigt sich alsbald, wie der betroffene Mensch damit umgeht. Es könnte die Aussage im Raum stehen: „Ja, dann ist es Zeit zu sterben." Erstaunlicherweise bringt dies oft den betreffenden Menschen in kurzer Zeit wieder zurück ins Leben. Es gibt nur zwei Möglichkeiten: Den Körper verlassen oder bleiben.

Wie stark der Lebenswille ist, zeigt sich nun an der Bereitschaft, den Körper hinter sich zu lassen oder weiter im Leben zu stehen.

Möglicherweise ist für diesen Menschen der Sterbeprozess noch nicht an der Zeit. Darauf können wir ihn hinweisen. Es ist gut möglich, dass er noch etwas zu erledigen hat, dass ein erfülltes Leben noch möglich wäre. Oft beginnen die Menschen in diesem Moment mit ihrem möglichen Schicksal zu hadern. Sie setzen nun alles daran, dem Leben mit einer besseren Lebensführung oder medizinischen Behandlung noch Zeit abzugewinnen.

Woran können wir erkennen, ob die Zeit zum Sterben nun wirklich gekommen ist? Ein deutliches Anzeichen für einen Rückzug ist beispielsweise die Verweigerung der Nahrungsaufnahme. Vieles wird infrage gestellt, etwa ob es sich noch lohne, dieses oder jenes zu tun. Das sind erste Anzeichen.

In der ersten Sterbephase hat man hundertprozentig die Möglichkeit, wieder ins Leben zurückzukommen. Ein starker Wandel ist angezeigt. Aber es wird sich zeigen, wie sich der Mensch entscheidet. Die äußeren Zeichen sind vorhanden, dennoch ist alles offen.

Es ist eine Unruhe in allen Elementen entstanden. Alles ist möglich, alle Elemente sind noch da, Erde, Wasser, Feuer, Luft und der Äther. Lediglich die Richtung liegt noch in der Schwebe.

In dieser Phase braucht der Mensch viel Unterstützung, um sich zu finden, um seine Gefühle und seine Gedanken sortieren zu können. Der Begleiter gibt beratende Unterstützung, soweit es erbeten ist, greift aber nicht ein. Er begegnet mit Achtsamkeit und Verständnis.

Hilfreich ist es, Bilder von der betreffenden Person aus verschiedenen Phasen seines Lebens aufzustellen. Der Sterbende wird durch die Fotos noch einmal durch die Höhepunkte seines Lebens geführt. Wenn wir ihn nicht besonders gut kennen, fragen wir bei den Angehörigen nach den Höhepunkten seines Lebens – oder wir bitten sie, dieses zu tun. Wir vermitteln ihm dadurch und sagen es ihm auch, dass er wohlwollend auf sein gelebtes Leben schauen solle, auf das Gute, das er getan hat. So kann er sich durch diese Bilder, diese Geschehnisse mit der Kraft der Erlebnisse verbinden und sich entscheiden, ob er im Leben bleiben möchte.

In dieser ersten Phase sind oft Zweifel zu beobachten, weil der Mensch nicht weiß, wie es weitergeht. Er muss erneut Verantwortung für sein irdisches Leben übernehmen, eventuell eine Krankheit überwinden und sich dem Leben wieder ganz zuwenden. Sich zu entscheiden ist eine wirkliche Herausforderung für den Sterbenden.

Erzählen wir dem Menschen von den positives Ereignissen in seinem Leben. Sagen wir ihm, was er Schönes erlebt hat. In der Sterbebegleitung wird dies „Führung des Sterbenden durch sein irdisches Leben“ genannt.

In dieser ersten Phase kann der Mensch noch sprechen und reagiert angemessen darauf. Bei einigen Episoden wird er antworten, dass es nicht so wichtig gewesen oder unbedeutsam war, oder es doch selbstverständlich war, was er getan habe. Trotzdem können wir ihn weiterhin liebevoll auf diese guten Taten hinweisen.

Das vermittelt ihm Energie. Der Mensch braucht in dieses Phase diese Energie des guten Erinnerns.

Die Krankheit und das Sterben müssen nicht zum ständigen Thema werden. So kann dem kranken Menschen durch unsere Gespräche, die nicht überfordernd sein sollten, in der ersten und zweiten Phase etwas positive Qualität mitgegeben werden.

Der Sterbende ist sehr viel mit sich allein, er hat sehr viele Erinnerungen, Visionen, Bilder in sich. Vielleicht hat er bereits Licht-Erfahrungen und klare Bilder, die ihn mit der jenseitigen Welt konfrontieren. Seine Wahrnehmung verfeinert sich, eventuell spürt er, dass andere Wesen im Raum sind. Dennoch hat er Ängste und Zweifel, weil er diese neuen Erfahrungen nicht einordnen kann.

Wenn wir uns mit der Homöopathie auskennen, können wir den Menschen mit den entsprechenden Mitteln unterstützen. Allein, dass wir ein solches Mittel bei uns haben, ist bereits hilfreich. Homöopathie ist Schwingungsmedizin und im Sterbeprozess liegt eine Energetisierung vor, weshalb hier einige Mittel so gut passen. Wenn es um die Entscheidung geht, im irdischen Leben zu bleiben oder zu sterben, können wir ein entsprechendes Mittel bereitstellen oder in die Armbeuge reiben. Es muss nicht geschluckt werden.

Der Sterbende möchte in dieser Situation, dass man ihn an die Hand nimmt, und ihm Dinge erklärt, die er nicht verstehen kann. Wir geben ihm Sicherheit, wenn wir ihm Dinge aus seinem Leben erzählen. Die guten Taten sind das Entscheidende. Dies ist die Kraft, die er braucht.

Auch die Erinnerung an einen Glauben, die sein Halt und seine Stütze in Verbindung mit seiner Religion waren oder noch sind, wird ihm helfen. Hilfreich ist es, wenn er sich an Gebete erinnert, an die Rituale seines religiösen Erlebens. Wenn wir selbst in diesem Bereich zu Hause sind und Erfahrung haben, können wir mit dem Sterbenden beten und ihn so in dieser herausfordernden Phase stärkend begleiten.

In dieser Phase können alle geistigen Hilfen gerufen und in Betracht gezogen werden. Wir bitten die geistige Welt, dass sie diesen Weg hilfreich unterstützt. Wir laden die geistigen Helfer und die Menschen mit ein, die schon in die andere Welt vorausgegangen sind. Es ist für den Sterbenden sehr hilfreich, wenn wir darüber sprechen. Vielleicht nimmt er die Wesen bereits wahr. Der Schleier zwischen Diesseits und Jenseits lichtet sich in dieser Phase langsam.

Ich betone noch einmal an dieser Stelle: Sterben ist ein Energie-Umwandlungsprozess in die körperlose Ebene. Und jeder, der bei so einem intensiven Prozess dabei ist, macht diese Erfahrungen, also auch der Begleiter.

Zusammenfassung der ersten Phase

Auflösung des Erd-Elements

Der Sterbende hat das Gefühl, als laste etwas schwer auf ihm. Das ängstigt ihn, er bäumt sich dagegen auf. Er wirkt sehr unruhig, versucht das Bett zu verlassen, will weg, ist dafür aber oft zu schwach. Jegliche körperliche Kraft fließt aus ihm heraus. Der Mensch verliert die Kontrolle über seinen gesamten Körper. Das Gesicht wird blass und grau, die Stimme wird rau, der Glanz in den Augen lässt nach.

Weitere mögliche Anzeichen:

- Angst beim Erwachen aus einem schrecklichen Traum
- Angst und nervöse geistige Ruhelosigkeit
- Schwermut
- Das Bedürfnis zu sprechen
- Fieber, Schwindelgefühl, Verstopfung, Lungenschmerzen, Fußkrämpfe

Was ist zu tun?

- Erklären, dass jetzt die aktive Sterbephase beginnt, dass wir ihn nicht allein lassen werden.
- Mit ihm sprechen, erfragen, was er fühlt. Ängste verbalisieren und die Gewissheit vermitteln, dass es vorbei gehen wird.

- Zulassen, dass er sich abdeckt, sich eventuell ganz auszieht, für Wärme im Zimmer sorgen.
- Beim Aufsetzen oder Aufstehen behilflich sein.
- Den Sterbenden an Dinge erinnern, die ihm zu Lebzeiten seelisch-geistig Kraft gaben, wie etwa Beten, Singen oder anderes.
- Entspannende Musik abspielen, Gedichte vorlesen, Mantras rezitieren.
- Keine Medikamente zur Beruhigung geben.

Die zweite Phase – das Wasser-Element

Das Wasser ist reinigend und klärend. Das, was vorher in Unruhe gekommen ist, erhält mit dem Element des Wassers etwas Ordnendes. Stand in der ersten Phase noch eine wesentliche Orientierung an äußeren Dingen im Vordergrund, so nehmen wir jetzt wahr, dass es um Klärung und Reinigung im Inneren geht. Der Sterbende möchte vielleicht noch einmal einen ihm nahen Menschen sehen, ihn eventuell nur sehen, ohne sich mit ihm auszusprechen. Unterstützen wir dies, indem wir eine Begegnung ermöglichen.

Beim Übergang von der ersten in die zweite Phase, in die Wasserphase, kommt der Mensch in einen Schwebezustand und erste Impulse (Reaktionen) kommen in ihm auf, da plötzlich viele innere Bilder auftauchen. Der rationale Verstand ist nicht fähig, diese Wahrnehmungen einzuordnen, denn der Verstand arbeitet mit wiedererkennbaren und einzuordnenden Erfahrungen.

Im Sterben hat der Mensch über seinen Verstand und sein Leben keine Kontrolle mehr. Jetzt gewinnen die Emotionen Oberhand. In dieser Intensität ist der Sterbende überfordernd, er ist an diese Zustände nicht gewöhnt. Wir aber können ihn darin liebevoll begleiten.

In der Wasserphase erleben wir zum ersten Mal eine Bewegung im Auflösungszyklus. Diese Phase heißt übersetzt: „Die Erde geht in das Wasser ein." Sie löst sich im Wasser auf, wird verdünnt. Das Wasser hilft, indem es das Erd-Element in sich aufnimmt, es größer und weiter werden zu lassen. Zum ersten Mal nehmen wir die Auflösung von stabilen Körperfunktionen wahr. Das erlebt auch der betreffende Mensch, der sich zeitweise nicht mehr im Körper fühlt. Er sagt, dass er nicht wisse, wo die Begrenzung des Köpers anfängt oder aufhört.

Wie in der ersten Sterbephase hat der Mensch fast aufgehört zu essen. Er möchte nichts mehr essen, er magert ab.

Was passiert physiologisch auf der körperlichen Ebene? Der Stoffwechsel verlangsamt sich und das Blut wird nicht mehr vollständig entgiftet, es gibt eine Überflutung von Schlackstoffen. Wir können es am ehesten am Geruch feststellen. Es ist ähnlich dem von Nagellackentferner, eine säureartige Ausdünstung, ein Aceton-Geruch. Feststellen lässt sich das am besten über die Haut, dass von hier ein deutlich scharfer Geruch kommt. Er signalisiert vor allem, dass die Stoffwechselfunktionen zum Erliegen kommen, dass also Gifte über die Haut ausgeschieden werden.

Bei einem kranken Menschen werden wir die verschiedensten Ausdünstungen wahrnehmen, wie etwa nach einer Chemotherapie. Aber in dieser zweiten Phase ist der scharfe Geruch sehr intensiv, er durchdringt alles. Der Geruch des Menschen hat sich komplett verändert. Das muss nicht permanent der Fall sein, kann aber wellenartig auftreten. Der Körper erleichtert sich, entgiftet sich auf diese Weise.

Wir nehmen nun eine innere Unruhe beim Sterbenden wahr, selbst wenn dieser nicht sprechen kann. Wir merken es vor allem am Atem. Er schwimmt in Gefühlen, kann sich nicht einordnen und möchte auf der emotionalen Ebene etwas klären. Viele Bilder steigen in ihm auf, die Einordnung der Eindrücke ist schwierig. Der Mensch geht mit sich innerlich zu Rate.

Er fragt sich, muss ich jetzt sterben? Er fragt es viele Male, er stellt uns die Frage. Wir antworten: „Ich weiß es nicht, aber du weißt es, du weißt die Antwort. Du wirst es wissen, wenn es so weit ist." Wir können auch schweigen. Selbst wenn wir glauben zu wissen, halten wir uns mit Äußerungen zurück. Keiner weiß, wann der Zeitpunkt gekommen ist.

Oft werden wir erleben, dass der Sterbende noch Konflikte mit anderen Menschen lösen möchte. Der Mensch ist im emotionalen Aufruhr. Er befürchtet, die Zeit reiche nicht aus, um Ordnung zu schaffen.

Das ist die wichtigste Phase, in der noch eine Klärung und Reinigung stattfindet. Es besteht keine Möglichkeit zur Verdrängung. Gerade das Thema Vergeben und Verzeihen wird essenziell. Das spirituelle Herz strebt die Klärung an.

Meist hören wir in der Sterbebegleitung dann: „Ich muss noch diese Dinge klären.", „Ich muss mich von Schuldgefühlen befreien." oder „Es lastet etwas auf mir, ich habe etwas falsch gemacht.", „Er/Sie hat etwas falsch gemacht, und ich möchte ihm noch etwas sagen." oder „Ich muss noch etwas klären, ich muss diesen Menschen noch sehen, ehe ich gehe.". Der Mensch stirbt vielfach erst dann, wenn diese Dinge gelöst sind. Erst dann kann er loslassen. Es ist ein Segen, was in dieser Phase geschieht.

Wir sehen, dass die Lebenskraft immer noch ausreichend vorhanden ist. Es geht darum, mit sich ins Reine zu kommen. In diesem Stadium des Sterbens hilft eine innere Instanz, die dem Menschen die Möglichkeit offenbart, mit sich ins Reine zu kommen.

Seelische Aspekte treten nun in den Vordergrund. Ein guter Übergang ins geistige Leben kann geschehen. Es mag von uns Außenstehenden für Unruhe gehalten werden, wenn der Mensch im Sterbezimmer mit sich selbst redet, wie in einem Dialog, der sich wie eine innere Auseinandersetzung zeigt. Der tiefere Sinn erschließt sich uns vielleicht nicht. Für den Menschen ist es aber wichtig. Unterstützen wir den Sterbenden, indem wir ihn in dieser Phase achten.

Manchmal können Menschen auch apathisch werden oder in einen koma-ähnlichen Zustand verfallen. Dann sind sie einfach überfordert, überlastet mit den Prozessen, in denen sie sich befinden. Oft erleben wir, dass der Sterbende ganz weit aus dem Körper herausgeht. Das können eventuell längere Schlafphasen sein.

Vertrauen wir darauf, dass die Hilfe der geistigen Welt wohlwollend und unterstützend anwesend ist.

Unterstützende Maßnahmen

- Aconit C30/C200, hinstellen oder verabreichen, wenn geklärt wurde, ob es verabreicht werden darf.
- Falls wir Farben einsetzen, dann jeweils einzeln und für jeweils höchstens eine Stunde.
- Farbe Blau: Sie wirkt auf das Schmerzzentrum, kann Schmerzen lindern und hilft, zur Ruhe zu kommen.
- Die Farben Blau und Gelb wirken beide auf das Gehirn und den

Stoffwechsel. Gelb wirkt auf das Sprachzentrum und hilft, die Sprache wiederzufinden.

- Beschwingte, melodische Musik, wie etwa Barockmusik. Die sogenannte Wassermusik von Händel hat zum Teil schmerzlindernde Wirkung.
- Schwämmchen-Methode, wenn das Trinken nicht mehr allein möglich ist.
- Oder wir beschriften ein Glas Wasser mit positiven Aussagen wie Liebe, Segen, Kraft oder Ruhe. Denken wir an die Forschungen des Japaners Emoto (siehe Literaturliste). Wir können das Glas auch auf ein Emotobild stellen.
- Linksseitig vom Sterbenden aus gesehen, sich neben den Sterbenden setzen und zum linken Ohr flüstern: „Nimm das helle Licht wahr, geh ins Licht. Geh weiter ins Licht, lass alles, was dich unruhig macht, hinter dir. Geh ins Licht, du darfst es dir leicht machen. Du hast die Erlaubnis. Du hast so viel Gutes im Leben getan. Du darfst es dir erlauben, es dir jetzt ganz leicht zu machen."
- Den Sterbenden nicht allein lassen in Unruhe- und Angstphasen.
- Wenn der Sterbende Schleim in den Bronchien hat, dann hilft es auch, ihn in die rechte Seitenlage zu bringen. Es ist nicht immer nötig, absaugen zu lassen.
- Beten für den Menschen, auch zu Hause.
- Mantras leise rezitieren.
- Die Begleitung steht im Vordergrund, nicht die Therapie.
- Achten wir auch auf unsere Kräfte. Begleitung geht an die eigene Substanz.

Erkennungsmerkmale

- Wahrnehmbar: Schlaffe, schwache Muskeln, kein Bewegungsdrang mehr, Nase wird spitz und es bildet sich ein blasses Dreieck um die Nase herum. Der Mensch hat öfter das Gefühl von Wasser umgeben zu sein, in Gefühlen zu ertrinken. Er hat Wahrnehmungen der Farbe Blau.
- Stuhl- und Harnausscheidung sind nicht mehr tätig. Der Mensch hat Schwebegefühl. Abends tauchen Gestalten auf, auch Gegenstände können sich bewegen, Uhren und Glocken schlagen, er hört Töne.
- Die Nase läuft unkontrolliert.

Ein Hinweis für den Sterbebegleiter und seine Verbindung zum Sterbenden

Der Sterbebegleiter sollte sich bewusst sein, dass er mehr als nur in Resonanz mit dem Sterbenden tritt. Es ist ein erweiterter Energiebereich, in den er eintritt. Der Sterbende spürt dies intensiver als der Begleiter. Es kann verunsichern. Sterben ist ein energetischer Phasenprozess. Vieles können wir als Begleiter nicht einordnen, beispielsweise wenn der Sterbende im Sterbeprozess mediale Fähigkeiten aufweist. Seine Wahrnehmung weitet sich aus, und er erlebt und begegnet einem Teil seines ureigensten Wesens. Auch kann es sein, dass Gespenstisches und Dämonisches wahrgenommen werden. Oft erschrickt oder staunt der Sterbende über das, was er wahrnimmt. In dieser zweiten Phase sind alle Spiegelungen und Erlebnisse möglich, bevor sie dann in der dritten Phase mit dem Feuer gewandelt werden.

Fragt der Sterbende etwa ob er verrückt werde, dann beruhige ihn. Wenn er fragt, ob wir es auch sehen oder hören können, dann antworte ihm: „Nein, aber in deiner Wahrnehmung ist es normal." Wenn er sich in seiner Wahrnehmung nicht wohlfühlt, können wir ihm raten, das helle Licht zu erschauen, das sich zeigt. Wichtig ist für ihn, dass er weiß, dass ihn jemand geistig-seelisch begleitet. Es ist gut, ihm immer wieder zu versichern, dass „alles in Ordnung“ ist, er keine Sorge oder Angst haben muss. Sprich Worte wie: „Ich bin bei dir. Ich begleite dich. Gehe nun auf das helle Licht zu, das du siehst.“

Sterben ist eine Lichtwerdung. Erleuchtung heißt selbst erleben, dass sich die Trennwand zwischen Diesseits und Jenseits aufhebt. Der Sterbende lüftet den Vorhang selbst, es ist seine innere Entscheidung. Was der Mensch im Sterben wahrnimmt, ist sein inneres Bewusstsein. Er weiß nicht, aus welcher Welt er die Eindrücke wahrnimmt, dabei vermischen sich die diesseitige und jenseitige Welt. Nach dieser Phase hat der Sterbende einen anderen Ausdruck in den Augen.

Erstaunlicherweise kann es nach dieser Phase passieren, dass der Sterbende wieder essen, sogar aufstehen möchte. Noch ist nichts entschieden, alles ist noch möglich. Auch bei sehr alten Menschen erleben wir in dieser klärenden Phase, dass sie sich erleichtert fühlen, wieder essen oder etwas Lebensbejahendes unternehmen möchten, obwohl ihr Sein zuvor auf das Sterben ausgerichtet war. Dem Menschen geht es plötzlich gut. Als Begleiter müssen wir hineinspüren, ob es sich bereits um das letzte Aufblühen oder eine Verbesserung zum Weiterleben handelt.

Zusammenfassung der zweiten Sterbephase

Alle Elemente sind in Bewegung, wir stellen einen Schwebezustand fest. Der Mensch weiß nicht, wo es hingeht. Das Wasser-Element löst auf.

Der Sterbende hat keinen großen Bewegungsdrang mehr. Die meiste Zeit liegt er im Bett. Die Muskeln sind schlaff und weich. Die Nase erscheint spitzer und höher. Das Dreieck zwischen Nase und Mund wird sehr blass.

Manchmal hat der Sterbende das Gefühl, von Wasser umgeben zu sein und darin zu ertrinken. Er selbst ist immer wieder in gefühlvollen Auseinandersetzungen mit seinem Leben.

In dieser Phase verstärken sich die Emotionen. Der Mensch befindet sich in der Phase der Reinigung. Er befreit sich von Ballaststoff, den inneren Bildern, den Gefühlen, dem Ungeklärten, das zu Geklärtem wird.

- Wir beobachten, dass der Körper deutlich weniger wird, die Körperchemie zeigt sich im Geruch und der Stoffwechsel kommt zum Erliegen.
- Aber der Mensch atmet noch und kann sprechen.
- Alles ist in Aufruhr. „Alles ist neu für mich, ich finde mich da noch nicht so zurecht." „Ich weiß nicht, was das alles bedeuten soll, ich weiß nicht mehr, was was ist." Hier ist ein erfahrener Sterbebegleiter gefragt, der die Phase achtsam begleiten kann.
- Aus Nase, Mund und Augen tropft unkontrolliert Wasser oder Schleim.
- Der Atem wird röchelnd, gurgelnd, manchmal brodelnd.
- Der Sterbende verströmt einen säuerlich-scharfen, durchdringenden Geruch.
- Oft geht unwillkürlich Stuhl und Urin ab.
- Das Bewusstsein trübt sich mehr und mehr ein, das Mentale wird unklar und verwirrt, der Mensch halluziniert.
- Äußerlich scheint der Sterbende ruhig, innerlich allerdings ist er sehr aufgewühlt.

Weitere mögliche Anzeichen:

- Hält sich für körperlich leicht.
- Er meint, er schwebe in der Luft.
- Wahrnehmungen und Gestalten tauchen besonders abends auf.
- Er hört Glocken, Uhrschläge, Lärm, Geräusche. Er meint, Gegenstände würden sich bewegen.

Was ist zu tun?

- Den Sterbenden nicht allein lassen.
- Erklären, dass er sich womöglich von Wassermassen eingeschlossen fühlt, es sich dabei aber nicht um eine reale Situation handelt, sondern um einen Teil seines Sterbeprozesses.
- Keinen Schleim absaugen!
- Eventuell in die Seitenlage bis fast auf den Bauch bringen, damit Sekrete abfließen können, gut lagern, ohne dass er beeinträchtigt ist.
- Ermutigung, nicht länger am Körper festzuhalten (immer wieder von Neuem erklären). Der Sterbende ist die ganze Zeit aufnahmefähig!
- Gebete, Mantras rezitieren, Singen.
- Den Sterbenden ermuntern, an eine Kraftquelle zu denken und sich auf die kosmische Liebe einzustimmen.
- Den Sterbenden weiter auffordern, auf das Licht zu achten.

Anmerkungen zur zweiten Sterbephase

Medialität ist die Gabe, die der Mensch in sich trägt, um den Schleier zwischen Diesseits und Jenseits zu lüften. Das funktioniert ausschließlich über Inspiration. In der Regel haben wir es bei den Sterbenden zu 99% mit Menschen zu tun, die weder eine spirituelle Schulung durchlaufen noch sich mit Ähnlichem beschäftigt haben. Es sind einfach Menschen, die unvorbereitet in diese Situation geraten. Daher nehmen sie diese inneren Bilder erstaunt und erschreckt wahr.

Warum ich das erwähne? Es kann uns ebenso ins Erstaunen versetzen, welche spirituelle Entwicklung ein Mensch in der letzten Phase seines Lebens durchmachen kann. Ich denke, die Natur hat es so vorgesehen, dass vielen Menschen diese Erfahrung geschenkt wird. Jeder trägt einen spirituellen Teil in sich.

In der Sterbephase ist der Mensch in einem Ausnahmezustand. Er ist in der Vorbereitung, den Körper zu verlassen und somit befähigt, sein inneres Wesen zu erfahren. Das ist der Idealzustand, in dem er sein Seelenlicht erfährt. In der Sterbebegleitung gehe ich immer davon aus, dass diese innere Erfahrung eintreten kann. Dieses Lichterlebnis wird bei einem Menschen dann geschehen, wenn er fähig ist, dieses Licht auch auszuhalten.

Im höchsten Sterbemoment, in der letzten Phase des Sterbens, erstrahlt dieser Lichtkörper. Jeder Mensch hat somit die Chance, gleich wie er sein Leben geführt hat, ins Licht zu gehen. Diese Lichtwahrnehmung, dieses Lichterlebnis ist allen Menschen gemein, und das, was sie in den Sterbephasen wahrnehmen, entstammt ihrem Bewusstsein.

Die hellsichtigen und hellhörenden Wahrnehmungen werden, je mehr der Mensch durch die Lockerungen der feinstofflichen Körper und durch die Veränderungen des Elemente-Gefüges in den Sterbeprozess hineingleitet, intensiver. Oftmals werden sie als Halluzination abgetan, da sich ihre Sinnhaftigkeit in der realen Welt nicht erschließt.

Es tauchen immer mehr Bilder aus der jenseitigen Welt auf, die der Sterbende eins zu eins erlebt und nicht unterscheidet, ob es eine erweiterte mediale Wahrnehmung ist oder die weltliche Realität. So fragt er: „Was erlebe ich da, ist das real?“

Wir erleben auch oft, dass der Sterbende mit jemandem spricht, den wir als Begleitende nicht wahrnehmen. Vielleicht in einer Sprache, die wir nicht verstehen oder die sich nicht mehr als Sprache identifizieren lässt. Wir spüren, dass er in dieser Phase etwas Wichtiges klären muss. Vielleicht mit irgendjemandem aus seinem Leben oder es kann ein Verstorbener oder auch ein Ahne sein, dem er etwas mitteilen möchte.

Der Sterbende nimmt dieses Wesen sehr genau wahr, greift vielleicht danach. Wenn er im Bett liegt, sieht es für uns so aus, als ob er über sich in die Luft griffe. Der Sterbende mag erzählen, dass ihm jemand die Hände reiche. Er sieht Hände, die ihn empfangen, die ihn halten wollen. Manchmal erscheint es von außen gesehen unbeholfen und unkoordiniert. Vergessen wir nicht, für den Sterbenden ist es real.

Wir dürfen den Sterbenden darauf hinweisen, dass das völlig normal und gut ist, was er dort wahrnimmt. Wichtiger ist es, den Angehörigen zu erklären, dass es sich hier nicht um eine Halluzination handelt, dass es keine Verwirrung des Geistes ist, sondern eine Öffnung in eine andere Dimension.

Als Sterbebegleiter führen wir ihn durch diese neuen Erfahrungen und geben ihm so eine Möglichkeit, mit diesen Bildern und Begegnungen umzugehen. Seien wir uns immer bewusst: Wir begleiten. Es ist keine Therapie. Es ist Sterbebegleitung.

Mit einem guten Gespür können wir ihn ermuntern, über seine Wahrnehmungen zu sprechen. Unsere Bereitschaft daran teilzuhaben, hilft dem Sterbenden zu verstehen, dass sich eine besondere Grenzerfahrung auftut und nur er wahrnehmen kann, was er sieht.

Oft ergibt sich die Wahrnehmung einer riesigen Halle, eines riesigen Raumes. Der Sterbende ruft sehr laut, damit wird in den Bildern die Halle immer größer. Dieses Größerwerden des Raumes ist eine Art Körperablöse-Erfahrung, die Empfindung, der Körper würde größer und größer, dehne sich aus wie eine dicke Daunendecke und etwas im Inneren würde immer kleiner. Der Sterbende erlebt seinen Übergang, den Tod, den Ablösevorgang immer intensiver.

In der ersten und in der zweite Phase wird der Sterbende oft feststellen, dass seine Füße kalt sind, er sie nicht mehr spüren kann. Es wird helfen, ihm zu sagen, dass die Füße noch da sind und er sich keine Sorgen machen müsse.

Der *gute* Tod beginnt immer von den Füßen hin zum Kopf. Die Ablösung der Elemente beginnt in den Füßen, geht dann über die Beine und über den Scheitel hinaus. In der Regel verlassen wir Menschen so den stofflichen Körper. In der asiatischen Tradition der Sterbebegleitung wird Wert daraufgelegt, dass der Mensch den *guten* Tod erlebt, also von den Füßen her. Bei der Geburt geschieht es genau andersherum.

Im Sterbeprozess ist es der Sterbende, bei dem sich dieser Bewusstseinsprozess in Gang setzt. Auf der anderen Seite stehen wir als Sterbebegleiter und sollten uns immer bewusst sein, welchen Prozess wir selbst erleben. Sterbebegleiter berichten häufig davon, dass sie völlig verwandelt aus solchen Begleitungen herausgehen. Sie sind während der Begleitung auf einer völlig anderen Ebene, einer bewusstseinsgereiften Ebene. Das erfordert ein gutes Gewahrsein für die eigenen Belange, denken wir also auch an uns selbst in der Sterbeprozess-Begleitung. Wir sind ergriffen, alles berührt uns. Es ist daher wichtig, dass wir Mittel und Wege finden, um selbst wieder in die Balance zu kommen, wieder geerdet zu sein. Ein wichtiger Punkt in der Sterbebegleitung ist, nicht das Maß und auch nicht den nötigen Abstand zu verlieren. Gerade hier entgleitet schnell die Kontrolle, und wir geraten in einen Grenzbereich, weil wir selbst nicht die nötigen Mittel zur Hand haben.

Als Sterbebegleitung sind wir gefordert. Wir haben möglicherweise ein Schlafdefizit, wir ernähren uns vielleicht nicht mehr richtig. Wir müssen auch mit weiteren Umständen umgehen, die nicht nur allein das Begleiten des Sterbenden ausmachen. Da sind die Krankenhäuser, die Hospize oder das Pflegeheim, in die wir gehen; auch auf die Angehörigen müssen wir uns einstimmen.

Bleiben wir unter allen Umständen im Gleichgewicht. In einer aufgewühlten anspruchsvollen Zeit sollten wir wie ein Fels in der Brandung stehen. Wenn wir in der Ruhe und in der Mitte bleiben, dann können wir die Dinge von einer höheren Warte aus besser wahrnehmen und betrachten. Die Orientierung zu behalten ist wichtig; denn, wenn wir ins Chaos abgleiten, ist niemandem geholfen.

Das, was uns selbst in unserer Ruhe und Harmonie unterstützt, sollte immer parat sein. Ob es sich um Affirmationen und Gebete oder die ganz kleinen Mittel handelt, die wir dabeihaben, wie Homöopathie, Bach-Blüten oder auch Rituale als Anbindung an das Geistige, bleibt eine persönliche Einschätzung. Jeder Begleiter wird für sich seine „Helfer“ finden.

Damit wir gute Sterbebegleiter bleiben, brauchen wir ausreichenden und erholsamen Schlaf sowie Geerdet-sein. Auch gutes Essen ist eine wichtige Möglichkeit, um im Körper sicher verankert zu sein.

Die dritte Sterbephase – das Feuer-Element

Diese Phase sieht wie der Höhepunkt im ganzen Sterbeprozess aus, obwohl der eigentliche Übergang noch nicht vollzogen ist. Auch hier ist noch nichts entschieden, wenn auch eine Verlängerung um ein bis zwei Jahre äußerst selten ist. Es ist die letzte Möglichkeit, um in den Körper zurückzukehren. Wir erleben als Begleiter eine abwechselnde Szenerie. Es scheint wie ein letztes Aufblühen, ein letztes Aufbäumen zu sein, alle Kräfte, die im Körper zirkulieren, werden zusammengezogen.

Der Sterbende geht durch jede Phase hindurch. Wenn er innerlich bereit ist, wird die nächste Ebene betreten. Er braucht noch etwas innere Kraft, um die letzte Entscheidungsmöglichkeit zu haben, diese Schranke zu heben. Diese Kraft wird auch eingesetzt, um die letzten Reste von Körperenergien aufzubrauchen, sie zu verbrennen. Es ist wie ein Läuterungsprozess, der stattfindet.

Wenn wir erleben, dass der Mensch, den wir kannten, sich schon sehr weit entfernt hat, fragen wir uns sicher, wie er selbst diesen Prozess erfährt. Es ist die Seite im Menschen, die in Verbindung mit seiner Seelenkraft steht und diese Entscheidung zum rechten und richtigen Zeitpunkt herbeiführt, die Zeit zum Hindurchschreiten.

Von unserem Elemente-Ansatz geht jetzt das Wasser ins Feuer ein. Das ist der Beginn der dritten Sterbephase. Wenn Wasser ins Feuer eintritt, dann zischt und verdampft es.

Die Energiereserven im Körper haben sich noch einmal mobilisiert. Dieser Impuls ist nötig, damit die letzten Reserven aufgebraucht und „verbrannt" werden können. Der Mensch erfährt ein letztes Aufblühen. Für uns Außenstehende ist das immer wieder erstaunlich.

Plötzlich hat der Mensch ein fiebriges Aussehen, es tauchen wieder Schmerzen auf. Es schien sich alles schon beruhigt zu haben, es war bereits so entspannt – doch die Feuerphase naht.

Oder der Sterbende möchte noch einmal etwas essen und verstirbt dann. Dieses Aufblühen, dieses Zusammenziehen der Kräfte ist wie eine steile Kurve, die in der letzten sichtbaren Sterbephase endet. Wir können es nicht verstehen, wir nehmen es einfach nur wahr.

Der Sterbende hat möglicherweise das Bedürfnis wieder Nahrung zu sich zu nehmen, als wäre es eine Erinnerung an das Leben. Er bittet vielleicht noch einmal um seine Lieblingsspeise.

Der Mensch möchte selbst noch einmal Dinge tun, selbst gehen, noch einmal sitzen. Selbst auf die Toilette gehen. Es ist erstaunlich, welche Lebenskräfte hier nochmals mobilisiert werden können.

Die Wünsche sind völlig unterschiedlich, vielleicht mag es sein, dass jemand den geliebten Hund berühren möchte, mancher sehnt sich danach die Enkelkinder zu sehen, sie zu berühren, sie zu segnen.

In dieser Phase können aber auch wieder Schmerzen auftauchen, die vorher nicht mehr da waren. Das Nervensystem reagiert auf diese Energie, auf dieses Mobilisieren der letzten Kraftreserven. Auf alles, was an Kraft noch vorhanden ist, dadurch kann auch der Schmerz wieder wahrnehmbar sein.

Manchmal war dem Sterbenden vorher kühl, nun aber ist es ihm heiß. Er ist rot im Gesicht, schwitzt und hat fiebrige Augen.

Für einen nicht so erfahrenen Begleiter kann dieses Aufbäumen, dieses Aufblühen verwirrend und nicht abzuschätzen sein, in welche Richtung es geht. Wir gehen davon aus, dass es immer geradeaus ins Sterben geht, weniger ins Leben zurück. Aber der Sterbeprozess verläuft nie linear, sondern wellenartig, einmal sind es große, manchmal kleine Wellen.

Der Sterbende kann in dieser Phase Visionen bekommen, die mit dem Feuer-Element zu tun haben. Das bedeutet, dass er Bilder sieht, die aus seinen eigenen Schattenanteilen herauskommen, die es zu transformieren gilt. Feuerkränze, Gegenstände, die von Feuer umgeben sind, können bildhaft auftauchen sowie Dinge, die leuchten und pulsieren. Wenn der Mensch in diese feurige Phase eingeht und er dieses Feuer wahrnimmt, dann hilft ihm diese Energie in der Entscheidung, seinen Weg weiterzugehen. Dies ist die letzte mögliche Entscheidung, die Trennung vom körperlichen Leben.

Interessant ist, dass dieses Erlebnis oft Menschen in einer Nahtod-Erfahrung begleitet. Sie stehen vor der Entscheidung, ob sie jetzt den Schleier zur „anderen Seite“ lüften und hindurchgehen, oder ob sie ins Leben zurückkehren werden. Wir hören dann aus solchen Berichten, dass die Zeit noch nicht reif war und sie einen Sog in den Körper zurück spürten. Daran erkennen wir, dass Menschen bei einem Nahtod-Erlebnis bis maximal in die dritte Sterbephase hineingehen können. Zumeist endet diese Erfahrung allerdings in der zweiten Sterbephase.

Was können wir tun? Wir vermitteln dem Menschen, dass er in dieser Situation ruhig bleiben möge und getrost durch diese Erfahrung gehen darf. In sein linkes Ohr sagen wir ihm, dass er diese Bilder vorbeiziehen lassen möge: „Lass es an dir vorbeiziehen." Oder wir assoziieren ein Bild von einem Schiff auf ruhiger See.

Die Situation, die der Sterbende als dramatisch erlebt, ist eigentlich nicht böse, nicht bedrohlich. Es sind nur Anteile seines unerlösten Seins, die als bedrohliche Bilder auftauchen, weil die Verarbeitung anhält. Aber wir vermitteln ihm mit ruhigen Worten, dass er sich nicht verunsichern lassen, nicht mit diesen erschreckenden Bildern mitgehen soll, sondern sie ziehen lassen darf.

Sagen wir ihm mit ruhiger entspannter Stimme nahe bei seinem linken Ohr: „Lass dich nicht täuschen, bleib friedvoll und ruhig. Schau auf das, was dich friedlich stimmt. Schau auf das, was dich wieder in die Ruhe bringt."

Es ist gut, wenn wir in der Feuerphase Ruhe vermitteln, damit er sich selbst erleben kann. Sagen wir immer wieder: „Lass los, was dir Angst macht, lass los, was dich betrübt. Schau auf die gute Seite deiner Wahrnehmung. Wie schön, dass du auf das Licht zugehen kannst."

Als Begleiter dürfen wir darauf vertrauen, dass wir intuitiv die richtigen Worte finden werden.

Häufig erleben wir, dass der Mensch noch einmal die Augen aufmacht. Sein Gesicht weist eine besondere feine Röte auf. Man nennt es das Aufblühen im Gesicht. Verklärt, mit einem besonderen Blick in die Weite, in das Leere, geht er in die vierte Phase über. Er ist erstaunt, weil er mit dem inneren Auge das innere lichte Tor vor sich sieht, das sich weit öffnet, durch das er hindurch schreiten wird. So stellt sich der Blick dar, den man bei Sterbenden in dieser Phase erleben kann.

Der Mensch in diesem Aufblühen ist der Meinung, er könne da, wo er sich befinde, nicht bleiben. Er betont, dass er nach Hause gehen möchte. Mit diesem letzten Kraftaufwand geht er schließlich nach Hause und dort stirbt er dann innerhalb kurzer Zeit.

Erfahrungen des Sterbenden in der dritten Sterbephase

In der Feuerphase hat der Sterbende die meisten Erfahrungen medialer Natur, denn seine feineren Sinne gehen auf. Das können auch die Hellsinne sein, die sonst weniger wahrnehmbar sind: Hellriechen oder Hellschmecken. Der Sterbende kann zum Beispiel wunderbare feine Gerüche wahrnehmen, die wir als Begleiter nicht riechen können. Er wird hellriechend. Oder der Geschmacksinn nimmt für uns nicht nachvollziehbare Geschmackserlebnisse wahr.

Der Sterbende sieht plötzlich viele Gesichter, nimmt Personen, Szenen um sich herum wahr, als wenn auf einer großen Bühne der Vorhang aufgeht, und er in eine neue Erfahrung hineinschaut. Da können auch schemenhafte Wesen auftauchen. Das kann zu unbestimmten Zeiten am Tag geschehen. Der Mensch macht am helllichten Tag plötzlich Licht-Erfahrungen.

In der Feuerphase erleben wir es auch, sollte der Patient noch einmal aufstehen und sich dann wieder hinlegen, dass er das Gefühl hat, nicht er selbst sei aktiv gewesen, sondern eine unsichtbare Kraft hätte ihm beigestanden.

Nun tauchen mehr hellsichtige Wahrnehmungen auf als in den anderen Phasen. In der Wasserphase registrieren wir die hellhörigen

Wahrnehmungen. Das Feuer hat mit Licht zu tun, das Wasser mit dem Fühlen und damit auch mit dem Hören.

Der Sterbende kann klare, sehr deutliche farbige innere Bilder sehen. Selbst Engelwesen oder Lichtwesen kommen zu ihm. Er hat Feuerwahrnehmungen. Es kann sein, dass ein Sterbender sagt, dass es brenne, er etwas brennen sehe. Dies nimmt er ohne Aufregung wahr. Möglich ist, dass er wissen möchte, ob es in Ordnung sei. Wir bestätigen es beruhigend.

Mögliche Hilfsmittel für die dritte Sterbephase

In der Feuerphase entsteht für uns als Begleiter der Eindruck, dass der Sterbende einen inneren Kampf führt, dem er nicht ausweichen kann. Ein Kampf gegen nicht vorhandene Feinde, Schreckgesichter, Dämonen. Dafür können wir verbale Unterstützung anbieten: „Schau nicht auf die Schattenseite, schau ins Licht.“ Oder wir verwenden zusätzlich folgende Hilfsmittel:

Farben

Wenn der Sterbende sehr stark friert, können wir rotes Licht einsetzen, um zu wärmen. Hat er jedoch Schmerzen, dann dürfen wir auf keinen Fall rotes Licht einsetzen, dann ist blaues Licht hilfreich.

Befindet sich der Mensch in einer starken Desorientierung, setzen wir zum Ausgleich grünes Licht ein, das der Mitte des Farbspektrums entspringt.

Musik

In den seltensten Fällen möchten Menschen in dieser Phase noch Musik hören. Denken wir daran, dass wir nicht wissen, wie lange die Feuerphase andauert. Sollte der Wunsch nach Musik auftauchen, so halten wir uns auch hier an die Vorlieben des Sterbenden. Hat er beispielsweise keinen Zugang zu klassischer Musik, dann vermeiden wir sie. Möchte der Mensch einfach etwas Beruhigendes, müssen wir für ihn aus dem Moment heraus entscheiden, was ihm guttun würde.

Homöopathie oder **Bach-Blüten** können eingesetzt werden, wenn der Begleiter in diesem Feld Erfahrung gesammelt hat.

Zusammenfassung der dritten Phase

Die Auflösung durch das Feuer-Element

- Der Sterbende beginnt zu schwitzen, er erfährt eine innere Hitze. Am liebsten würde er alle Decken von sich werfen.
- Äußerlich bleibt der Sterbende ruhig, innerlich kann er in eine Art Panik vor dem „Feuer" verfallen, wobei sich dies nicht mehr über die Mimik ausdrückt. Innere Bilder sind in ein rotes Licht getaucht.
- Nach und nach kann sich von den Armen und Beinen eine Eiseskälte ausbreiten.
- Lila Flecken zeigen sich auf der Haut, erst an den Extremitäten, dann auch am Rumpf.
- Die Atmung wird deutlich langsamer und schwächer.
- Der Sterbende kann Außenstehende nach wie vor wahrnehmen.

Weitere mögliche Anzeichen:

- unkontrollierte Zuckungen
- Konvulsionen (Schüttelkrampf)
- Rastlosigkeit
- schreien, nicht nur wegen Schmerzen
- totale Erschöpfung
- letztes Aufblühen, wirkt plötzlich gesund – trotz fauligem Geruch
- Aggressivität

Was ist zu tun?

- Auf keinen Fall den Sterbenden wärmen, auch nicht, wenn er sich eiskalt anfühlt.
- Nur noch mit einem dünnen Tuch bedecken.
- Kühle Kompresse auf die Stirn, nicht waschen. Die Haut ist sehr empfindlich, alles wirkt bedrohlich.
- Erklären, dass eine weitere Phase des Sterbeprozesses eingesetzt hat und auch das „Feuer“ nicht real ist.
- Beten, Gebete, Gedichte, Mantras rezitieren, singen, leise und entsprechende Musik abspielen, wenn gewünscht.
- Ermunterung, sich auf die Kraftquelle, auf das Licht und auf die Liebe zu konzentrieren.

Die vierte Sterbephase – das Luft-Element

Diese Phase entspricht etwas Besonderem. Wir haben das Gefühl, dass nun Ruhe einkehrt. Wir gewahren, dass der Sterbende einen wichtigen Schritt getan hat. Da er in die Phase des Elements Luft eingetreten ist, scheint es, als dehne sich die Energie aus, während die Materie abnimmt.

Noch immer ist Leben im sterbenden Körper. Die Entscheidung, den letzten Schritt zu tun, steht noch aus. Dem sterbenden Menschen und uns als Begleiter bleibt nur, der Weisheit der Natur oder einem höheren Willen zu vertrauen. *Bei Gott hat alles seine Zeit – es ist Gottes Zeit.* Der große Wandel steht bevor, die Geburt in einen erweiterten Raum. Alles, was wir als Mensch erleben können, ist in diesem heiligen Moment verborgen.

Nach der Feuerphase, der Phase des Aufbäumens, beginnt nun die beruhigende Phase. Es ist die Ruhe nach dem Sturm.

Wir haben von der ersten bis zur dritten Phase jeden Schritt begleitet, versuchen mit allen diesen Erfahrungen klarzukommen und selbst in der Besonnenheit zu bleiben. Die Feuerphase war sehr stürmisch, geradezu dramatisch. Nun kehrt Ruhe ein, alles ist getan und der Sterbende trifft seine Entscheidung.

Die vierte Sterbephase bringt Frieden. Das Feuer geht in das Luft-Element ein, die Luft bläst das Feuer aus und löst die Feuerenergie ab, als würde das Lebenslicht ausgeblasen werden.

Welche körperlichen Phänomene sind in dieser Phase zu beobachten?

- Es kommt zum Atemstillstand
- Herzstillstand
- Die Gehirnfrequenzen wechseln langsam von der Alpha- auf die Theta-Ebene, dann auf die Delta- und auf die Sub-Delta-Ebene. Die Hirnfrequenzen sind nicht mehr messbar.

Dennoch ist in der vierten Sterbephase die Loslösung noch nicht vollends vollzogen. Die letzten Gehirnwellenfunktionen kommen zum Erliegen und alles wird immer weniger, immer kleiner. Der Körper verliert an Gewichtigkeit, etwas anderes breitet sich im Raum mehr und mehr aus, es findet eine Energieerhöhung statt. Der Energiekörper des sterbenden Menschen dehnt sich zunehmend aus. Auch wenn zu spüren ist, dass der Körper noch leicht belebt ist, sammelt sich etwas neben der Stofflichkeit an.

Die Wahrnehmung der Zeit verändert sich stark. Auch das Raumgefühl des Begleiters verändert sich. Wenn wir als Begleiter längere Zeit neben dem Sterbenden sitzen, kommen auch wir in einen Alphawellen-Zustand. Unsere Aufmerksamkeit ist in höchstem Maße auf den Sterbeprozess eingestimmt. Wir erleben eine Entspannung wie in einer leichten Trance, werden feinfühliger, herausgehoben aus unseren alltäglichen rationalen Wahrnehmungen.

Der heilige Moment steht bevor. Stress hat keinen Platz mehr, das meiste ist bereits getan. Mit dem Sterbenden kann immer noch gesprochen werden. Weiterhin mag es wichtig sein, dem Sterbenden von der linken Seite aus zu versichern, dass alles gut ist, wie es ist. Leise sagen wir:

„Alles ist gut, wo du dich jetzt befindest. Lass dich nicht beirren, geh weiter den Weg ins Licht, du bist gestorben. Sei guten Mutes in deiner Welt, geh in deine neue Welt. Sieh das Licht, folge dem Licht. Schau, welche dir bekannten Menschen dich erwarten. Nimm sie wahr und begleite sie. Du bist jetzt in einer erweiterten Licht-Dimension. Du bist durch das Tor gegangen. Schau nicht zurück. Du kannst nichts falsch machen. Vertraue dem Licht."

In diesem Moment sollten wir den Sterbenden nicht berühren und auch die Angehörigen darauf hinweisen. Die vierte Sterbephase ist noch nicht abgeschlossen!

Der Sterbende befindet sich weiterhin in der Ausdehnungsphase, das geschieht wellenförmig. Bei ihm lösen sich die feineren Körper und sein ätherisches Doppel, lösen sich weiter und kehren für Momente in den Körper zurück. Es ist ein Hinein- und wieder Zurückkommen, ähnlich einem Jojo-Effekt, in völliger Harmonie. Die Entfernung vom Körperlichen hat begonnen.

Wichtig ist, neben dem Sterbenden zu verweilen. Ein Eingreifen ist nicht mehr angebracht, keine Behandlung mehr sinnvoll. Die

Entscheidung ist gefallen. Der Sterbende löst sich stückweise von seinem Körper und geht ganz und vollkommen in eine körperlose Dimension über.

Dabei lockert sich die Anziehung zwischen dem stofflichen Körper und dem Ätherkörper so weit, dass sich die Silberschnur löst, hierfür ist Ruhe und Zeit nötig. Noch benötigt der Sterbende die Nähe zum stofflichen Körper als energetischen Anhaltspunkt, in dem er seine Lebenszeit verbracht hat. Der Prozess des Ablösens dauert etwa zwei bis vier Stunden. Noch immer sind Zuckungen und Veränderungen im Gesichtsausdruck möglich. Warten wir daher auf weitere Atemzüge, achten wir auf Zeichen, auf weitere Signale.

Vor der „Trennung der Silberschnur“ läuft im Sterbenden der Film des Lebens ab. Im Ätherstoff, der sich wellenförmig löst, sind alle Bild-Informationen gespeichert, die sich im letzten Moment des Sterbens wie ein Film vor dem inneren Auge des Sterbenden zeigen. Der Mensch sieht dies ohne Wertung, ohne moralischen Zeigefinger, als würde die Information seines gelebten Lebens harmonisch in den nächsten feineren Körper hinüberschwingen. Erst wenn diese Lichtinformation in den nächsthöheren Körper übergeleitet worden ist, kann die Silberschnur, der Lebensfaden, sich trennen. Dies verdient eine respektvolle Beachtung, Berührungen des Körpers würden diesen Vorgang stören.

Wie bei einem Kind, das geboren wird, ist das Neugeborene durch eine physische Nabelschnur mit der Mutter und durch die ätherische Nabelschnur mit der geistigen Welt verbunden.

Was geschieht im Sterbenden?

Der Verstorbene hört uns noch für eine lange Zeit. Im Körper sind die Atemzüge kürzer geworden und das Ausatmen wird länger. Keine Schwere des Körpers mehr zu empfinden, führt in eine Leichtigkeit – wie ein feiner Wind, der ihn wegträgt und für Momente in die Nähe des Körpers zurückbringt. Er hört Stimmen, Stimmen, die er kennt und die ihm sagen, dass alles gut ist, dass ihn das Licht aufnimmt.

Er kann auf sein Leben zurückschauen, nach irdischen Maßstäben in rasantem Ablauf, dennoch ist jede einzelne Szene gegenwärtig. Der Sterbende mag eine sich auftuende Landschaft erkennen, in der es sehr hell ist, und Personen schweben an ihm vorbei.

Alle inneren Sinne des Sterbenden sind nun ganz auf die körperlose Dimension ausgerichtet.

Was nimmt der Begleiter wahr?

Auch wenn Herz-, Atem- und Gehirnwellenstillstand eingetreten sind, hat der Ablöseprozess seine eigene Zeit und ist noch längst nicht abgeschlossen, auch wenn wir es nach schulmedizinischer Sichtweise so verstehen könnten.

Äußerlich stellen wir fest, dass der Atem abgeebbt ist, aber innerlich ist der subtile Atem noch nicht gewandelt, er hat sich noch nicht gelegt. Im Körperorganismus ist das Hauptlicht wie ausgelöscht, aber selbst im physischen Leib und in den weiteren feinen Körpern sind noch viele energetische Vorgänge aktiv. Die innere Atmung erfährt langsam einen Stillstand, die Zellatmung wird beendet.

Jetzt kommt das friedvolle Schauen des Lichtes, des eigenen Lichtes, das dem erreichten Bewusstseinszustand des Sterbenden entspricht. Tatsächlich sehen alle Sterbenden dieses Licht und es ist von größter Wichtigkeit, dass wir als Begleiter den Sterbenden ermutigen hinzuschauen. Von stark bewusstseinsbeeinträchtigender Medikation ist darum dringend abzuraten, um diese Lichterfahrung nicht einzuschränken.

Nun ist die Schwelle zum geistigen Leben überschritten worden. Still können wir mit Gebeten diesen Moment begleiten. Gebete schaffen ein hohes Energiefeld und helfen dem Verstorbenen, sich besser und weiter zu orientieren. Zwischendurch können wir leise oder auch still Worte an ihn richten: „Du bist jetzt in deiner neuen Dimension, in einer neuen Lichtwelt. Begrüße das Licht, dieses Licht erfüllt dich."

Der Mensch wird von seinen Engeln, von seiner Gottvorstellung oder von seiner Lichterfahrung empfangen. Möglicherweise empfangen ihn seine Ahnen. Oft sprechen Sterbende in den vorausgegangenen Phasen davon, dass sie von diesem oder jenem lieben Menschen abgeholt werden.

Immer wieder mache ich die Erfahrung, dass der sterbende Mensch es als tröstlich empfindet, *nach Hause* zu gehen, ihn ein vertrauter Mensch abholen oder erwarten wird.

Es ist wichtig, die vierte und die fünfte Sterbephase in Ruhe und mit Stille zu begleiten. Es passiert energetisch sehr viel und der Sterbende erlebt diesen Zustand zum ersten Mal bewusst. Ein ruhiges Umfeld bietet den Raum für einen sicheren Übergang.

Wir sollten aufgrund der vielen Eindrücke Ruhe bewahren. Vermitteln wir dem Verstorbenen still, bei der Wahrnehmung des Lichtes zu bleiben.

Noch kann es Ablenkungen geben, die den Hinübergehenden irritieren. Bei all dem Schönen, den dieser Moment mit sich bringt, gibt es noch Schatten, da der Verstorbene natürlich auch mit seinen Schattenanteilen konfrontiert wird. Hier ist unsere bewusste Anwesenheit wichtig.

Warum ist es wichtig, den Verstorbenen für eine Weile mental mit Gebeten und guten Gedanken weiter zu begleiten? Die Erfahrungen in den östlichen Traditionen haben gezeigt, dass der Verstorbene, nach dem Gewahren seines inneren Lichtes, noch Begleitung und Hilfe durch Gebete und entsprechende Rituale benötigt, damit er in dem Zustand, in dem er sich befindet, seinen geistigen Weg lichtvoll fortsetzen kann. Der Verstorbene erlangt einen Zustand, der seinem Bewusstseinszustand entspricht, geprägt von seiner geistigen Reife.

Die Aufgabe des Begleiters ist es, im Wissen um die Zustände der einzelnen Sterbephasen, immer wieder auf das innere Licht hinzuweisen. Selbst im letzten Moment des Sterbens kann der Mensch noch eine Veränderung im Bewusstsein erreichen.

Es ist überaus tröstlich und ehrenwert, eine besondere Art von spiritueller Sterbebegleitung anzubieten. Die Aufgabe besteht darin, den Sterbenden auf seinem Weg in eine lichtere Welt zu begleiten. Wir unterstützen durch unsere bewusste, achtsame Anwesenheit, die Persönlichkeitsanteile wieder mit seiner Seele zu vereinen und zurück in die wahre Heimat zu finden.

Was wir noch tun können

Der Sterbende braucht in dieser Phase vorrangig unsere mentale Bewusstseinsarbeit. Das sind vor allem Präsenz und Achtsamkeit.

Jetzt erst sollten wir die Verwandten informieren, dass sie Abschied nehmen können. Der verstorbene Mensch liegt in seinem Bett, auf dem Sterbelager. Er ist auch noch nicht berührt oder hergerichtet. Denn er ist ja noch nicht ganz losgelöst.

Es stellt sich die Frage: Wann ist ein Mensch tot? Intuitiv ahnen wir, dass dieser Mensch seinen Körper mehr oder weniger verlassen hat. Wir sprechen also in eine gefühlte Richtung, in der sich der Verstorbene befinden könnte.

Dabei stellt sich uns eine zweite Frage: Wann darf der Körper berührt werden, ohne den Ablöseprozess des Ätherkörpers zu stören? Wenn wir gut auf den Sterbeprozess eingestimmt sind, können wir uns auf unsere Intuition verlassen, um den Zeitpunkt zu erkennen.

Zusammenfassung

- Der Atem wird noch schwächer, oberflächlicher und langsamer bis hin zu arrhythmisch. Die Einatmung verkürzt sich deutlich, während die Ausatmung länger wird, unterbrochen von langen Atempausen.
- Der Sterbende möchte nichts mehr trinken, auch das Anfeuchten der Lippen ist unangenehm.
- Von außen scheint der Sterbende wieder ruhig, doch innerlich geschieht noch viel. Es kann sein, dass sich der Sterbende wie von einem Sturm umhergeschleudert fühlt. Alles für ihn er-

scheint grünlich, innerlich befürchtet er, vom Wind umgeweht oder weggetragen zu werden.

- Der Körper wird jetzt völlig kalt, außer über dem Herzen, dort ist noch Wärme spürbar.
- Die Augen verdrehen sich nach oben in die Augenhöhlen. Kein Finger kann mehr bewegt werden, der Kontakt zur Außenwelt bricht zusammen, der Sterbende kann uns dennoch hören und wahrnehmen.
- Die Sinne sind auf eine körperlose Dimension gerichtet. Alle Körperfunktionen kommen zur Ruhe. Der letzte Atemzug und der letzte Herzschlag zeigen den Gipfelpunkt des Sterbevorgangs an.

Was ist zu tun?

- Erklären, dass der Wind nur ein vorübergehendes Stadium des Sterbeprozesses ist und er trotzdem geschützt ist.
- Ermutigen, den Körper endgültig loszulassen.
- Wir können auch gute Wünsche für die geistige Reise formulieren und dem Sterbenden von Herzen für die gemeinsame Zeit danken.
- Ist der Tod eines Menschen eingetreten, so ist es das Wichtigste, zunächst Ruhe zu bewahren! Wenn wir selbst mit spiritueller Sterbebegleitung erfahren sind, dann liegt es an uns, wie wir durch unsere eigene ruhige Haltung für die nötige würdige Atmosphäre sorgen.
- Beten und ruhig bleiben, dadurch innerlich Zuversicht schenken.
- Wir wachen ein bis zwei Stunden in Frieden und Harmonie bei dem Verstorbenen.
- Die erhöhte Energie im Sterbezimmer ermöglicht auch hellsichtige Wahrnehmungen bei den Anwesenden. Diese nehmen wir in stillem Respekt an.

- Wenn es möglich ist, kann man eine Kerze anzünden, als Zeichen der Sammlung und Hoffnung. Als Symbol für das *Licht.*

Für alle, die Sterbende bis zu dieser Phase begleitet haben, hat es etwas Tröstliches und Berührendes zu wissen, dass die sterbliche Hülle ihre Aufgabe erfüllt hat, das ehren wir.

Alle Schmerzen, alles Leiden wird durch unsere Stille und Achtung transzendiert. Mit den nachfolgenden Handlungen erfährt die Verneigung vor dem gelebten Leben in diesem Körper eine erste Würdigung. Wir Begleiter wurden von dem verstorbenen Menschen beschenkt, denn wir durften nah an seinem Übergang ins Licht teilnehmen.

Die fünfte Sterbephase – das Luft-Element geht in den Äther ein

Atem- und Herzstillstand haben bereits stattgefunden. Die vierte und fünfte Sterbephase gehen nahtlos ineinander über. Es gibt keine äußeren sichtbaren Lebenszeichen mehr, wohl aber noch Sub-Delta-Gehirnwellen, die gemessen werden könnten. In so einer Phase haben Sterbebegleiter oftmals mediale Wahrnehmungen, sie sehen farbige Wolkenschleier oder können den Sterbenden als Person im Raum wahrnehmen.

Äußerlich haben wir den Eindruck einer leeren Hülle. Es gibt keine sichtbaren Lebenszeichen, aber wir spüren eine intensive Präsenz des Verstorbenen im Raum. Wir haben das Gefühl, dass er neben uns steht, um uns herum ist. Überall ist der Verstorbene wahrzunehmen. Für uns ist es ein beglückendes Gefühl, wir wissen, dass der Mensch nun weitergegangen ist. Er ist erlöst, er hat es geschafft.

Wir erleben in der fünften Phase einen inneren Frieden. Einen Seins-Zustand, der uns tief berührt.

Was geschieht, wenn die Luftenergie in den Äther, die Quintessenz, die fünfte Essenz, eingeht? Es ist die Energie, die alle Elemente durchdringt, die in allen Elementen enthalten ist, auch *Chi* genannt, die Lebensenergie, Odkraft oder Prana. Aber es ist weitaus mehr, eine lebendige Kraft, eine Vitalität, die alle Elemente durchdringt und diese überhaupt erst möglich macht.

Der materielle Körper bleibt im Stofflichen, während der lichtere Körper in seine ihm entsprechende Dimension übergeht. Der Kreislauf des Lebens wird geschlossen.

In unserer Kultur ist es von Bedeutung, dass wir mit der verlassenen körperlichen Hülle ehrend umgehen. Wenn wir an die östlichen Rituale denken, aber auch an die westlichen Bräuche, dann sind es mehrere Wochen des Begleitens für den weiteren Weg des Verstorbenen. Bei den Tibetern sind es neunundvierzig Tage, in der katholischen Tradition sechs Wochen. Das entspricht in etwa den vierzig Tagen der christlichen Tradition im Gedenken an den Hinübergegangenen.

Es ist mehr als Symbolik, dass wir den Verstorbenen weiter durch die Erfahrung des Lichtes auf seinem Weg hindurch begleiten. Es bedeutet, dass er in seiner erweiterten Lichtgestalt immer wieder in diese Zeit zurückkehren kann oder an den Ort, an dem er gelebt hat.

Gehen wir deswegen achtsam und respektvoll mit der körperlichen Hülle des Verstorbenen um, denn sie symbolisiert immer noch das Leben, auch wenn der Leichnam jetzt vergänglich ist und sich in seine Elemente auflöst.

Für uns als Begleiter ist es eine wichtige Aufgabe, dem Verstorbenen, der nun in der geistigen Welt seinen Weg fortsetzt, in dieser Orientierungsphase noch die Möglichkeit zu geben, Wochen nach seinem Ableben energetisch zurückzukommen, um sich vollständig abzulösen.

Wie bereits dargestellt, besteht der Mensch nicht nur aus dem stofflichen Körper, sondern auch aus den feineren Körperschichten. Nach dem Ablegen des stofflichen Körpers bleibt der Ätherkörper in seiner Entsprechungsebene zurück, in der alle feinstofflichen Organe ebenso enthalten sind. Er ist mit an dieser Orientierungsphase beteiligt. Der feinere Körper bleibt nach dem Tod erst einmal bestehen, auch wenn der Körper später verbrannt werden sollte.

Beim Verstorbenen ist nun die energetische Nabelschnur durchtrennt. Das Erdenleben ist unwiederbringlich beendet. Der im Geistigen erwachende Mensch wird zur Erkenntnis kommen, was seine wirkliche Wahrheit ausmacht.

Haben wir als Sterbebegleiter den Menschen durch die Phasen seines Sterbens geleitet, dann ist die weitere Phase nach dem Übergang eine Begleitung über das Lichttor hinaus – eine spirituelle Sterbebegleitung über den Tod hinaus. Wir als Sterbebegleiter haben alle eine natürliche Intuition und eine innere Gewissheit, aus der heraus wir spüren, was wichtig und richtig ist.

In unserer heutigen Zeit haben wir viele Fälle, die nicht mehr dem natürlichen Sterbeprozess entsprechen. Wenn sich etwa Menschen zur Organspende bereit erklären oder Sterbehilfe in Anspruch nehmen, dann braucht es gerade an diesem Punkt für ein einigermaßen natürliches Sterben des Menschen eine gute und respektvolle weitere Begleitung. Das ist herausfordernd.

Der Respekt vor dem Leben als Ganzes sollte immer im Vordergrund stehen! Es ist eine wichtige Aufgabe, allen Menschen die Möglichkeit zu geben, eine Würdigung ihres Lebens und auch des Weiterlebens in einer anderen Welt zuteil werden zu lassen, indem wir ihnen durch Orientierung und Gebet Hilfe und Unterstützung zukommen lassen.

Hilfen in der fünften Wandlungsphase

Für den Verstorbenen

- In den vierzig bis neunundvierzig Tagen nach dem Tod für den Verstorbenen beten und ihm dadurch geistigen Schutz geben. Der Ablösungsprozess des Bewusstseins vom materiellen Körper geschieht in fünf Phasen. In der Zeit nach dem Übergang erfährt der Verstorbene auf seinem weiteren Weg den schrittweisen bewusstseinsöffnenden Weg ins Licht. Das sind für den Verstorbenen 7×7 Tage = 49 Tage. In dieser Zeit existiert kein Raum- und Zeitbewusstsein, es gibt keine Begrenzung mehr. Das sind für den Hinübergegangenen unbegreifliche und erstaunliche Erfahrungen.
  Hier setzt die Sterbebegleitung über den Tod hinaus an. Daher kann man spirituelle Sterbebegleitung auch Seelenbegleitung nennen.
- Mindestens eine Woche lang ein Ritual nach eigenem Ermessen durchführen, eventuell sieben Tage hintereinander bewusst eine Kerze entzünden und dazu Gebete sprechen.
- Mit den Angehörigen zusammen ein Ritual gestalten. Rituale wirken direkt in eine höhere Seelenebene hinein.
- Weiterhin zum Verstorbenen sprechen und ihn darauf hinweisen, dass ihn das helle Licht führt. Manchmal kann er das Licht verlieren. Dann bleiben Anteile im Astralen zurück und können nicht vollständig gelöst weitergehen, oftmals bedingt

durch starke eigene Wunschvorstellungen und einen Irrglauben. Dem Verstorbenen zusprechen, dass er seinen Weg weiter gehen soll.

Für trauernde Angehörige

- Foto aufstellen. Kerze anzünden. Es kann notfalls ein elektrisches Lämpchen sein.
- Für Angehörige ist es wichtig zu trauern.
- Wenn Angehörige zu tief in der Trauer versinken, kann man ihnen raten, sich mit einem Gegenstand des Verstorbenen zu verbinden. Eine andere Möglichkeit wäre, sich in den Stuhl des verstorbenen Angehörigen zu setzen, Musik zu hören, sich mit violettem Licht oder auch mit einem violetten Tuch einzuhüllen, um in einer meditativen Stille zu verweilen. Nicht um etwas zu erfahren oder sich zu entschuldigen, sondern einfach um gute Wünsche, Segen und Dank zu senden.
- Wenn die Zeit der Trauer vorbei ist, ist es sinnvoll, die Farbe Orange als Zeichen dafür zu wählen, wieder zu leben und ins normale Leben zurückzukehren.
- Trauernde können ein Dankes-Ritual für den Verstorbenen gestalten, um sich für die gemeinsame Zeit, für alles, was gemeinsam erlebt wurde, zu bedanken. Dem Menschen in der geistigen Welt das Beste wünschen.

Das violette Licht

Die violette Farbe hat eine transformierende Kraft. Sie hilft, Dinge besser und bewusster wahrzunehmen. Violett symbolisiert Erhabenheit und Distanz zum physischen Leben. Es ist deshalb in Klöstern die Farbe der Entsagung beziehungsweise des Geistes. Violett schafft einen Ausgleich bei innerer Unruhe. Empfehlenswert ist es, ein violettfarbenes Tuch in der Trauerarbeit einzusetzen. Diese Farbe ist auch für die Totenwache geeignet. Violett fördert sensitive Wahrnehmungen.

Im violetten Licht geht es demjenigen, der mit der Sterbebegleitung betraut ist und demjenigen, der Abschied nimmt, deutlich besser. Das Violette schafft es, dass das Körperliche seine Bedeutung verliert. Deswegen ist es vor allem für den Sterbebegleiter eine ideale Lichtfarbe, um innere Stärke zu gewinnen. Man kann den gesamten Raum violett ausleuchten, sodass der Verstorbene in den Genuss dieses Lichtes kommt.

Das violette Licht – in welcher Form auch immer –, ist dabei wie eine Brücke zwischen dem Verstorbenen und den Hinterbliebenen. Die Farbe ist keine Tür zum Verstorbenen, aber sie hilft, die Wahrnehmung zu verstärken.

Es hilft den Angehörigen, wenn sie einen Platz wie einen kleinen Altar für den Verstorbenen aufbauen. Darauf können neben einem Bild, dem Kerzenlicht auch viele andere Andenken aufgestellt werden.

Schaffen wir gute Rituale, die dem Verstorbenen helfen, seinen Weg zu gehen und den Trauernden, Abschied zu nehmen. Rituale sind stärkende Energien. Wir werden durch Rituale getragen, sie dürfen verbinden, aber uns nicht zwanghaft binden.

Die Sechste Wandlungsphase nach dem Übergang – Farbe Weiß

Diese Phase geht über das Sterben hinaus. Der Verstorbene lebt nun in einer erweiterten Orientierungsphase. Diese kann Wochen nach dem Übergang anhalten. Auf der weltlichen Seite kann durch Gebete und Rituale Segen und Schutz gegeben werden. Eine Zeit des

Erinnerns für diejenigen, die nah mit dem verstorbenen Menschen gelebt haben, setzt ein.

Wir als Sterbebegleiter, ohne eine nahe familiäre Bindung, haben in dieser Zeit immer noch das intensive Gefühl der Anwesenheit des Hinübergegangenen, eine emotionale Bindung zu dem verstorbenen Menschen. Wenn wir ihn über eine lange Zeit während des Sterbens und darüber hinaus begleitet haben, entsteht ein energetisches Band, das ebenso ein Verabschiedungsritual benötigt. Das Band der Liebe bleibt erhalten.

Die Zeit der Trauer, der Trauerverarbeitung setzt bei den Angehörigen ein. Das kann in der Regel mehr als ein Jahr andauern. Trauer gehört zum Menschsein und beginnt nicht erst nach dem Ableben des geliebten, des nahen Menschen. Erfährt ein Angehöriger von einer schweren Erkrankung und der Möglichkeit eines baldigen Ablebens, begibt er sich sofort in die erste Phase seiner eigenen Auseinandersetzung mit der Trauer.

Aus vielen spirituellen Traditionen, die sich mit den Lebensbereichen nach dem Tod auseinandersetzen, wissen wir, dass sich der Verstorbene nach seiner Zeit des Loslassens vom Erdenleben – wenn er sich genügend orientiert hat – einer neuen Aufgabe zuwendet. Das kann beispielsweise der Fokus auf seine Familie sein, die noch auf Erden lebt. Der Hinübergegangene übernimmt dann für jemanden etwa eine Stärkungsaufgabe. Das Netz der Familienbande endet nach dem Ableben nicht. Es ist ein energetisches Band und mag über den Tod hinaus erhalten bleiben.

Viele Menschen haben Wahrnehmungen, dass ihnen von nahen Verstorbenen geholfen wird, dass sie geistige Unterstützung erhalten.

Sie spüren, dass ihnen aus der geistigen Welt stärkende Energie zufließt.

Wir alle haben Angehörige, die schon in die geistige Welt vorausgegangen sind. So können wir eine oder sogar mehrere Personen spüren. Mit einem Menschen, der uns geistig verbunden ist, stellt sich eine besondere Intensität ein. Wir denken an ihn, sprechen mit ihm. Wir spüren eine tiefe Verbundenheit. Auf verschiedene Weise werden wir inspiriert, auf etwas hingewiesen oder wir erleben einen besonderen Schutz. Auch über Träume können wir Erinnerungen und Begegnungen erfahren.

In der spirituellen Begleitung öffnen wir uns medial, sobald wir Sterbende begleiten, und auch in der Zeit danach schwingen wir auf einer höheren Bewusstseinsfrequenz.

Während der neunundvierzig Tage, die wir als spirituelle Sterbebegleiter der geistigen Aufgabe weiter nachkommen, richtet sich unsere mental stärkende Botschaft an den Verstorbenen:

- Er sollte immer wieder daran erinnert werden, dass er tatsächlich gestorben ist, und auf *das* zugehen möge, was seiner weiteren Bewusstseinsentfaltung dient.
- Die Totenwache kann wie ein segnendes Geleit ausgeführt werden, die ersten ein bis drei Tage beim Leichnam und danach die weiteren Tage mental visualisierend im Gebet.

Geistige Kontaktaufnahme für den Trauernden

Viele Menschen möchten gern den Kontakt zum Verstorbenen vertiefen. Wir wissen, dass es zu den Trauerphasen gehört, sich auf diese Weise von ihm zu verabschieden. Eine Möglichkeit hierzu bietet sich über einen persönlichen Gegenstand des Verstorbenen.

Es geht dabei weniger um den verstorbenen Menschen, als vielmehr um die Lebenden, die auf diese Weise eine Möglichkeit erhalten, mit der Trauer umzugehen. Menschen, die eine solche Kontaktaufnahme suchen, haben in der Regel weniger Probleme und Schwierigkeiten mit der Trauerverarbeitung.

Es wird immer wieder beobachtet, dass unerledigte Angelegenheiten nach dem Tod plötzlich wichtig werden. Manchmal gab es zu Lebzeiten Themen, über die man nicht sprechen konnte, es einfach nicht möglich war, sich die Situation nicht ergeben hat oder weil verschiedenste persönliche Beweggründe es verhindert haben.

Es ist also gut, dass die Trauerzeit nicht nur durch Weinen und Trauer gefüllt wird. Vielleicht mag gerade Unerledigtes geklärt werden, die Trauerzeit kann Erlösung herbeiführen.

Manchen Menschen fällt es schwer, über Gefühle zu sprechen. Später kommt dann die Zeit, in der sie mit sich und dieser Last allein sind. Als Begleiter dürfen wir darauf hinweisen, dass es diese Möglichkeit der geistigen Kontaktaufnahme gibt und dass sie sehr erlösend wirken kann.

Angehörige haben sich während der Sterbephasen intensiv um ihren sterbenden Verwandten gekümmert. Es gab keine Zeit, ungeklärte Themen, die ihnen auf der Seele lagen, anzusprechen. Sie haben in der Pflege und Organisation einfach nur funktioniert und alles Erdenkliche für den Sterbenden gegeben.

Sich ihrer Tränen gewahr zu werden, dazu waren sie noch nicht in der Lage. Die vielfältigen Gefühle, die in einer Sterbebegleitung auftauchen, konnten nicht verbalisiert werden. Das Geschehen an sich muss noch verarbeitet werden.

Hilfe für den Trauernden

Der Sterbeprozess hat die Sonne verdunkelt. Langsam kommt wieder Licht auf. Die Verstorbenen möchten nicht, dass wir trauern. Doch Menschen benötigen Zeit für ihre Trauer, die bis zu einem Jahr andauern kann. Der Trauernde spürt, wenn diese Phase vorübergeht.

Ist der trauernde Mensch so weit, darf er dem Verstorbenen mitteilen, dass er sich dem Leben wieder zuwenden möchte.

Die Farbe Violett erwähnte ich bereits als gute Hilfe in der Trauerzeit. Jetzt hilft die Farbe Orange, um sich aus der Trauer zu lösen und Lebenskraft für den eigenen Weg wiederzuentdecken. Das orangefarbene Licht ist wie die Morgenröte, ein unterstützendes Heillicht für Heilung von seelischen Leiden und von körperlichen Schmerzen.

Das orangefarbene Licht bedeutet, dass das eigene Leben wieder in den Vordergrund rückt. Der Trauernde darf sagen: „Ich fange wieder an zu leben. Jetzt geht die Sonne meines Lebens wieder für mich auf. Meine Trauerzeit ist vorbei. Ich kehre in mein Leben zurück.“ Die Farbe Orange unterstützt dabei in allen Bereichen.

Ein weiterer Hinweis für die Trauerzeit

Das, was nun zu dem Verstorbenen gesagt wird, sollte laut gesprochen werden. Die Stimme ist wichtig, weil sie die Schwingungen überträgt.

Manchmal wissen Menschen nicht, was sie sagen sollen. Wir als Begleiter können helfend einige Sätze vorformulieren, wie:

- „Ich danke dir für die Zeit, die wir uns kannten, die wir miteinander gelebt haben, die wir miteinander verbracht haben."
- „Ich sende dir Licht und wünsche dir das Beste auf deinem Weg."
- „Ich segne deinen weiteren Weg in die jenseitige Welt."
- „Ich lasse dich gehen, ich lasse dich los und ich kehre wieder in mein Leben zurück."

Trauern braucht Zeit, der Mensch ebenso. Es gehört zu den natürlichen, menschlichen, emotionalen Ausdrucksformen, doch Trauer muss eines Tages auch überwunden werden. Wenn die Trauerarbeit kein Ende findet und sich ein unwegsamer, qualvoller Nebel des Leidens auftut, dann entsteht beim Trauernden eine Todessehnsucht. Die betroffenen Menschen erhalten von uns Wahrnehmung und Unterstützung. Es ist schwer, diesen Sog allein zu verlassen. Orange kann auch in so einem Fall eine gute Unterstützung bieten, und es sollte auf jeden Fall eine geschulte therapeutische Betreuung hinzugezogen werden.

Zusammenfassung

In dieser sechsten Phase geht es darum, den Verstorbenen über eine längere Zeit geistig-seelisch zu begleiten. Ebenso ist es die Zeit, in der Trauernde ihre Form und Möglichkeit der Verabschiedung und der Trauerarbeit haben.

Die fünf Phasen des Sterbens sind abgeschlossen, das Bewusstsein hat sich von seinem materiellen Körper gelöst. Der Verstorbene wird auf seinem neuen Pfad begleitet, indem der Sterbebegleiter während dieser Zeit (neunundvierzig Tage) „mentale Botschaften" an den Verstorbenen richtet, um ihn darin zu bestärken,

- dass er tatsächlich tot ist, dass er gestorben ist.
- dass er auf das zugehen möge, was der Weiterentwicklung seines Bewusstseins dient.

Jeder Sterbende geht rein und gesund aus seinem Körper, egal wie krank und hinfällig er vorher war. Der alte oder kranke Körper wird in der stofflichen Dimension zurückgelassen.

Den meisten Verstorbenen geht es nach ihrem Tod gut, unabhängig von den Begleitumständen, die zum Tod führten. Es interessiert den Verstorbenen auch nicht mehr, wie er gestorben ist.

Mögliche Hilfen für die Hinterbliebenen, um mit dem Verlust umzugehen und die Trauerzeit sinnvoll zu gestalten sind:

- Einen Gedenktisch gestalten, mit einem Bild des Verstorbenen, mit Blumen, mit farbigen Tüchern, mit Musik oder Gesang.
- Hilfe durch das violette Licht an einem Ort, wo sich der Verstorbene oft aufgehalten hat. Der Trauernde sagt dem Verstorbenen alles, was er mitteilen möchte, seinen Schmerz, seine Verzweiflung und positive Botschaften, immer jedoch: „Ich danke dir für die Zeit, die wir uns kannten/die wir miteinander erlebt haben.“ „Ich sende dir Licht und wünsche dir das Beste auf deinem Weg.“ „Ich lasse dich gehen und kehre wieder ins Leben zurück.“
- Das Bejahende für das Leben nach der Trauer durch oranges Licht.
- Findet die Trauerarbeit kein Ende, verharrt der Hinterbliebene im Leiden. Es kann eine Todessehnsucht, ein destruktiver Sog entstehen, der professionelle therapeutische Begleitung erfordert.

Fazit und Ausblick

Wir sind mit einem erweiterten Blick durch die Sterbephasen gegangen. Eigene Erfahrungen, Wahrnehmungen und Erkenntnisse decken sich mit den beschriebenen Vorgängen der Aufzeichnungen des Tibetischen Totenbuchs und anderen Überlieferungen. Die Indo-Tibeter haben konkrete Darstellungen durch Beobachtungen der Sterbephasen niedergeschrieben, wie sich das Seelische vom Körper löst und in einer anderen Daseinsform weiterlebt.

Die Sehnsucht der Menschen, mehr über das Sterben zu erfahren, ist nach wie vor groß. Das derzeitige westliche Menschen- und Weltbild benötigt eine erweiterte Kenntnis, um dem wachsenden Bedürfnis nach einem tieferen Verstehen der Menschen gerecht zu werden.

Sterben und Tod sind keine rationalen Ereignisse, die sich einfach auf biologisch-medizinische Fachtermini und Vorgänge reduzieren lassen. Wir erleben eine wissenschaftlich aufgeklärte Zeit, in der medizinisch scheinbar alles machbar und möglich ist. Doch das Sterben ist keine rein medizinische Angelegenheit. Auch kann Sterben nicht auf eine rechtliche Frage reduziert werden.

Der wichtige Punkt bleibt, dass das würdevolle Begleiten eines Menschen im Sterben und über seinen Tod hinaus ein wesentlicher Ansatz sein sollte, der dem ganzen Wesen des Menschen gerecht wird und sein Leben als Ganzes würdigt.

Die Beschreibungen des Sterbevorgangs in diesem Buch beziehen sich auf einen natürlichen Verlauf. Im Sterbeprozess herrschen andere Zeitverhältnisse. Bei anderen Todesarten, wie etwa durch einen

Unfall oder eine Selbsttötung durchläuft der Sterbende trotzdem alle Phasen, wenn auch in anderer Geschwindigkeit.

Es kann sein, dass der Sterbende sich dessen nicht bewusst ist, was mit ihm geschieht, und er sich von einem Moment auf den anderen in einer Erfahrung befindet, die er nicht einordnen kann. Es mag ein Schock sein, wenn sich der Verstorbene in seiner körperlosen Existenz nicht zurecht findet und dementsprechend verwirrt ist.

Aus Sicht der geistig-seelischen Sterbebegleitung sollte sofort Kontakt mit dem abrupt Verstorbenen aufgenommen werden, um Klarheit und Anweisung geben zu können. Wichtig ist in einem solchen Fall – zusätzlich zum bereits Gesagten –, zu verdeutlichen, dass er gestorben ist und seinen Körper verlassen hat. Dieses mentale Begleiten ist in allen Situationen anwendbar, bei denen man nicht unmittelbar nach dem Ableben dabei sein kann. Räumliche und zeitliche Dimensionen spielen keine Rolle, wenn es darum geht, allen Verstorbenen, von denen wir erfahren, geistiges Geleit zu geben.

Glücklicherweise sind mehr und mehr Menschen bereit, sich einem erweiterten Denken zuzuwenden, in dem Geburt, Werden, Vergehen, Sterben und Leben als Ganzes erfahren wird. Der geistige Bereich des Menschen, den wir sein Seelenwesen nennen, braucht ein respektvolles Wahrnehmen und ein Integrieren in alle Lebensbereiche hinein. Wir können die Seele des Menschen nicht mehr ausgrenzen.

Übersicht der „Hilfsmittel" in der Sterbebegleitung – Gebete und meditative Übungen

Gebete sind eine große Kraftquelle in jeder Situation. Nicht nur als Bitte, auch zum Dank sind Gebete hilfreich. Sie sind Kraftdynamos, sie laden uns auf und verbinden den Betenden mit geistigen Ebenen.

Jedes uns bekannte Gebet hilft in der Sterbebegleitung, später bei der Totenwache und darüber hinaus.

Zum Beispiel das „Vater unser" und das „Ave-Maria", beide sind starke Kraftgebete.

Einige Gebete können in einer bestimmten Wiederholung gebetet werden. Dabei ist die Zahl Sieben ein guter Rhythmus oder vierzig beziehungsweise neunundvierzig.

Gebet für die Toten

Oh, du, der du der Schöpfer des ganzen Weltalls bist,
Aus dir kommen wir und zu dir kehren wir wieder zurück.
Nimm diese Seele auf in deine Vaterarme,
Möge dein verzeihender Blick sie heilen.
Enthebe sie der Erdenschwere,
Umgib sie mit dem Lichte deines Geistes,
Hebe sie zum Himmel empor,
wo ihre wahre Heimat ist.

Wir bitten dich, gewähre ihr den Segen
deiner heiligen Gegenwart.
Möge das irdische Dasein der erwachenden Seele
als Traum erscheinen
Und lasse sie den Strahlenglanz deiner Herrlichkeit schauen.

Heile ihren (seinen) Geist, o Herr, von all den Wunden,
die ihr (sein) Herz in diesem beschränkten Erdenleben erlitten hat.
Reinige ihr (sein) Herz mit deinem göttlichen Licht
und gieße es über sie (ihn) mit deiner Gnade,
deiner Barmherzigkeit und deinem Frieden.
Amen

(neunundvierzig Tage lang beten)

Gebet für einen guten Übergang
Großer unendlicher Geist,
ewiges heiliges Licht.

In deine Gnade,
in deine Barmherzigkeit
lege ich mein Ersuchen
mein/meine lieber/liebe (Name)
für sein/ihr Abscheiden und Hinübergehen
in die reinen Gefilde
des geistigen Landes
eine Hilfe und Geleit zu sein.

Möge er/sie sich in seiner wahren Seele wiedererkennen,
und sich des Weges in das Land des reinen Geistes erinnern.
Möge er/sie jetzt sich seiner/ihrer geistigen Begleitung,
der Engel und anderer lieber Wesen bewusst sein.

OM – FRIEDEN – AMEN.

Eine Lichtübung
Sie eignet sich gut, wenn wir uns als Begleiter energetisch gefordert und ausgelaugt fühlen.

Sitze entspannt und atme entspannt. Schließe deine Augen.
Die Gedanken sind zur Ruhe gekommen.
Der Atem ist entspannt, visualisiere ein goldenes Licht, das deine Lungen erfüllt. Mit jedem Atemzug nimm goldenes Licht auf und atme wieder aus.
Empfinde das goldene Licht in deinen Lungen, lenke es nun in dein Herz.
Es ist von goldenem Licht durchströmt.
Nun lenke es in den Kopf, es strömt in das Gehirn.
Jeder Atemzug bringt weiteres goldenes Licht.
Das Licht durchdringt deinen Kopf und strahlt nach außen.
Strahle nun durch das Herz nach außen.
Strahle durch deine zwei Zentren, eines im Herzen, eines im Kopf.

Das Licht vergrößert sich, so dass du dich wie in einer großen goldenen Kugel fühlst.
Jeder Atemzug bringt neues goldenes Licht.
Du atmest entspannt, du bist vollkommen gelöst.
Stell dir vor, dein höheres Bewusstsein zu erreichen. Licht vom Licht zu sein, strahlend und leuchtend wie eine Sonne.
Atme das goldene Licht ein und wieder aus. Der ganze Körper strahlt wie eine Kugel das Licht aus.
Du verbreitest das Licht. Das Licht wird so groß und umschließt das ganze Land und die Welt, bis es das Universum umfasst. Das goldene Licht ist mit allen verbunden. Es gibt keine Grenzen.

Zieh dich langsam wieder in dich zurück, spüre dich, deinen Körper.
Atme bewusst ein und wieder aus. Fühle dich erfrischt und gestärkt.
Öffne die Augen. Bedanke dich.

Dies ist nur eine kleine Auswahl an Gebeten und Übungen. Sie können aber als Möglichkeit gesehen werden, selbst mit eigenen Gebeten das Begleiten und den Übergang des Sterbenden gut zu gestalten.

Düfte, Öle und Aromen in der Sterbebegleitung

In der Sterbebegleitung haben sich bestimmte Aromen und Düfte pflanzlicher Herkunft als hilfreich erwiesen, um den Prozess des Übergangs zu begleiten und zu erleichtern. Wie bei allen Empfehlungen sind auch diese Hinweise in eigener Verantwortlichkeit bezüglich der Anwendung zu sehen. Ätherische Öle sind hochwirksame Substanzen, werden sie falsch eingesetzt oder zu hoch dosiert, kann es zu Nebenwirkungen kommen. Es ist daher zu empfehlen, sich mit diesem Bereich auseinanderzusetzen und bei Bedarf vorbereitet zu sein.

Das, was sich als wertvoll und bewährt erwiesen hat, darf eingesetzt werden. Es gilt, eher weniger ist mehr. Bei meinen Hinweisen handelt es sich lediglich um Empfehlungen.

Je nach Situation und Betreuung eines sterbenden Menschen ist immer wieder Einfühlungsvermögen, Intuition und gesunder Menschenverstand wichtig. Hilfreich ist es, die Vorlieben und Abneigungen des zu betreuenden Menschen zu kennen. Jeder Mensch ist individuell und benötigt etwas anderes.

Sterbebegleitung ist in jedem Fall eine seelsorgerische und auch heilbringende Tätigkeit. Das meint nicht, jemanden, der im Sterben liegt, ins Leben zurückholen zu wollen. Eher so, dass die Heilschwingungen, um die wir bitten, etwas Erlösendes, Entspannendes und Wohlwollendes für den leidenden Menschen haben. Die aufgeführten Hilfsmittel, wie Aromen, Essenzen, Farben, Musik, sollten immer nur Möglichkeiten sein.

Sieben hilfreiche Aromen:

- **Johanniskraut,** für die Begleitung Sterbender bei innerer aufkommender Unruhe. Beim Übergang in die geistige Welt ist alles ungewohnt, das löst Unruhe aus. Es können Ängste auftreten, die aber keinen konkreten Bezug haben. Ein Tropfen des Öls in eine Duftlampe.

- **Melisse,** Melissen-Öl wirkt beruhigend, entkrampfend und lösend. Verdünntes Öl in die Duftlampe bei Ängsten in der letzten schwierigen Lebensphase.

- **Muskatellersalbei,** dieses Aroma birgt in sich mobilisierende und ungeahnte Kräfte. Er hat eine entspannende und beruhi-

gende Wirkung. Wenn Sterbende in ihrem letzten scheinbaren Kampf nicht mehr nachgeben können, kann eine Einreibung zusammen mit Rosenöl Entspannung und eine erleichternde Stimmung bringen, um sich dem Unvermeidlichen hinzugeben, um dem „neuen Leben“ zu begegnen.
Immer dann, wenn Grenzen zu überschreiten sind, wird der Muskatellersalbeis auch uns als Begleitpersonen eine zuweilen unmögliche Arbeit abnehmen, indem er duftend eine entspannende und lösende Wirkung verströmt.
Ein Tropfen in die Duftlampe oder auf das Handgelenk oder die Armbeuge mit einer geringen Menge einreiben.

- **Rose**, die Königin der Düfte. Der Duft des Rosenöls ist wie eine Versöhnung. Schmerz und Leid, die Verletzungen, die am Lebensende auftauchen können, da eine Trennung von vielem ansteht, werden gelöst; aber auch ein Lebensanfang, wie eine Geburt in die geistige Welt kann besser bewältigt werden. Rosenöl ist ein Duft, der vor allem Liebe schenkt. Liebe öffnet die Herzen und Rosenöl heilt wunde Herzen. In der Sterbebegleitung ist das Seelische bedürftig nach liebevoller Begleitung. Beim Rosenöl brauchen wir eine zehnprozentige Verdünnung. Sie hilft, im Sterben Ängste abzubauen und sich dem Unwiederbringlichen hingeben zu können. In der Sterbebegleitung ist das Öl der Rose immer ein wichtiger Begleiter und kann als wohltuendes Hilfsmittel eingesetzt werden. Einen Tropfen in die Duftlampe.

- **Iris**, diese Blüte ist die Botin des Himmels. Wenn wir den Duft der Iris zum Rosenduft hinzunehmen, so verfügen wir über zwei wunderbare und edle Düfte von Blumen, die für Geburt und Tod stehen. Die Rose öffnet segensreich, die Iris schützt. Wir sollten immer daran denken, dass uns gerade die beiden

Ereignisse des Übergangs, Geburt und Sterben, sowohl mit dem Himmel als auch mit der Erde in Berührung bringen. Mit der Rose und der Iris kommen Himmel und Erde zusammen.
Die Iris verbindet den Hinübergehenden als auch den Zurückbleibenden miteinander. Der Duft der Iris ist ein Schutzduft! In der Begleitung von Sterbenden brauchen wir den Schutz, eine himmlische Umhüllung.
Ein Prozent des Iris Duftaromas in Jojoba-Wachs ist nicht nur ein wunderbarer Begleitduft in der Sterbebegleitung, sondern bietet auch Schutz für den Begleiter.

- **Schafgarbe**, ein Duft, der mit Himmel und Erde verbindet. Schafgarbe führt zur eigenen inneren Mitte, hilft, Erfahrungen zu heilen. Im Sterbeprozess kommen Bereiche des gelebten Lebens als Bilder oder als Gefühlsregungen an die Oberfläche, der Mensch durchlebt sie auf eine gewisse Weise noch einmal und klärt dadurch etwas. In Verbindung mit einem Tropfen Rosenöl (verdünnt) können diese beiden Öle den Prozess des Sterbens erleichtern und beruhigend wirken.
  Bei Schwerstkranken oder in der Sterbebegleitung ist Schafgarbe in einer Mischung von einem Tropfen Schafgarbenöl mit sieben Tropfen Rosenöl (10 % in Jojoba-Wachs vermischt) hilfreich, um durch den mit Schmerzen verbundenen Prozess hindurchwandeln zu können.

- **Zeder**, sie ist ein majestätischer erhabener Duft, der zur inneren Mitte führt. Der Duft ist hilfreich, wenn beim Übergang auch diese herbe Duftbetonung zur Verfügung steht. Die Zeder vermag Kraft in schwachen Momenten zu geben.
  Der Duft der Zeder gibt Zuversicht und innere Kraft, um aufrecht durch das noch verbleibende Leben zu gehen, um das Hier

und Jetzt zu verlassen und sich auf neue, noch unbekannte Wege zu begeben.
Auch die Zurückbleibenden im Raum erhalten mit dem Duft der Zeder die Stärke, die Person loszulassen und ebenso können Begleiter geistige und seelische Stabilität bewahren.
Gut ist es, Zedernöl mit Rosenöl zu mischen.

Allgemeine Hilfsmittel

Homöopathie und Essenzen bitte nur von erfahrenen Fachleuten anwenden. Alle Angaben gelten als Empfehlung!

- Innere Ausrichtung/Einstimmung.
- Vertrauen in Gott, seinem eigenen spirituellen Urgrund und die geistigen Helfer.
- Beten
- Eigene Auseinandersetzung mit dem Tod und Sterblichkeit.
- Gesamtschau zum Leben.
  Der Weg ins Leben: Zeugung, Schwangerschaft, die Geburt, das Muttertor, das Erdenleben.
  Der Weg aus dem Leben: Der Tod, die Klärungs- und Orientierungsphase, dann das Übergangstor in die jenseitige Welt.

Speziell
- Gemeinsames Atmen.
- Begegnung von Herz zu Herz.
- Einfühlsame Gespräche.
- Lenke auf die guten Dinge des Lebens. Immer als positive Aussage.
- Ermutigung ins Licht zu gehen.

- Leises Sprechen in das linke Ohr des zu Betreuenden (also nicht auf der Leberseite).
- Achte auf die Symbolsprache.
- Basale Stimulation, wenn wir Erfahrung damit haben.
- Hospiz/Palliative Care/Organspenden, wie damit umzugehen ist.

Ätherische Öle

Anwendung: Duftlampe oder verdünnt mit Basis-Öl auf Ellenbeuge oder Handgelenk reiben.

- **Johanniskraut:** Lichtbringer bei Übergängen, bringt Ruhe.
- **Melisse:** Sollte immer dabei sein bei der Sterbebegleitung, bringt Klarheit und Gelassenheit auch in schweren Zeiten.
- **Muskatellersalbei:** Mobilisiert ungeahnte Kräfte, wenn Sterbende dem letzten scheinbaren Kampf nicht nachgeben können, bei Grenzüberschreitungen, auch für den Begleiter.
- **Rose:** Die Knospe für das Herz, der Dorn gegen den Schmerz, Versöhnung mit dem Leid und dem (Trennungs-)Schmerz, schenkt Liebe, Anwendung in zehnprozentiger Verdünnung.
- **Iris:** Die Botin des Himmels, gibt Schutz, ideal auch in Kombination mit Rosenöl. Die Rose öffnet und segnet, die Iris schützt und segnet, vor allem auch den Begleiter.
- **Schafgarbe:** Führt zur inneren Mitte, hilft tiefe Seelenerlebnisse zu durchleben und zu klären. Gute Mischungsvariante: Ein Tropfen Schafgarbe mit sieben Tropfen Rosenöl. Hilfreich, um mit Schmerzen verbundene Prozesse zu durchlaufen.
- **Zeder:** Majestätischer, erhabener Duft, männlicher Aspekt, dann einzusetzen, wenn Kraft, Stabilität und Kondition nötig sind, gibt Kraft und Zuversicht in schwachen Zeiten.

Hilfsmittel in den sechs Sterbephasen

Anwendungshinweise

- Generell gilt: Alle Essenzen lassen sich mit Wasser verdünnt stündlich oder täglich einnehmen. Aber es kann auch äußerlich verabreicht werden, es reicht die Essenzen entweder lokal auf der Haut zu verreiben (etwa auf die Stirn oder in der Ellenbeuge) oder sie in die Nähe des Sterbenden zu stellen.
- Homöopathische Mittel: Hinsichtlich der Potenzierung auf Erfahrung vertrauen. Bitte bedenken, dass im Sterbeprozess höhere energetische Verhältnisse herrschen, deshalb kann schon bei mittleren Potenzen eine hohe Wirkung erzielt werden.
- Bei den Baum-Essenzen haben sich Sprays bewährt. Ich benutze dabei die D1-Potenzen, die in einer Apotheke bestellt werden können. Ebenso habe ich die entsprechenden Hölzer dabei, nach den jeweiligen fünf Elementen. Die Hölzer in der Natur zu sammeln, sich mit den Baumkräften zu verbinden, ist ein besonderes Erlebnis und eine gute Einstimmung für die Begleitung von Sterbenden.

Besondere Anwendungsweisen werden bei den einzelnen Hinweisen beschrieben.

Erd-Element

„Die Waage beginnt zu schwingen, die Elemente geraten in Bewegung."

- Arsen C 30 oder auch C 200, bei Todesangst, Unruhe, Entscheidungsfähigkeit.
  Anwendung: Stündlich in Wasser aufgelöst einen Tropfen geben oder auf die Stirn oder den Handrücken einreiben.
- Zirkon „Der Stein zum Loslassen".
- Singen, Monochord, Gedichte, Mantras rezitieren.

- Keine Medikamente.
- Die Farbe Orange „Übergangsfarbe“ unterstützt Drüsen und ist ausgleichend. Anwendung: Als Licht oder farbiges Tuch.
- Holz, auch als Essenz in der Potenz D1 als Spray oder Tropfen.
    - **Esche**, schafft eine Öffnung hin zur geistigen Welt, ein Kind des Lichtes, Schutz gegen dunkle Kräfte. Anwendung: Ein Stück Holz auslegen oder als Essenz.

Wasser-Element

„Reinigungsphase, Schwebezustand, schwimmt in Gefühlen.“

- Aconit C30 oder C200.
- Phosphor C30, wenn der Patient Fantasien hat. Phosphor hilft, genügend Zeit zu schaffen, um emotionelle Themen zu ordnen.
- Lachesis C200. Bei Erstickungsangst, keine Luft zu bekommen, Enge im Hals, Mensch kann verwirrt sein über seinen Zustand.
- Belladonna C30: Für Klarheit, bei Hysterie und Verwirrung.
- Cuprum C30: Wenn Dinge oder Wesen vorbeischweben, Cuprum (Kupfer) leitet, hilft etwas herunterzuholen.
- Bach-Blüten, wenn Erfahrung vorhanden.
- Farben:
    - Blau wirkt beruhigend, kann Schmerzen lindern.
    - Gelb und Blau, beide wirken auf das Gehirn und den Stoffwechsel, Gelb hilft die Sprache wiederzufinden, ist also anregend.
- Holz, auch als Essenz in der Potenz D1 als Spray oder Tropfen
    - **Weide** „bringt etwas in Fluss“, tröstet, lindert Schmerz. Anwendung: Ein Stück Holz hinlegen oder als Essenz.

Feuer-Element

„Das letzte Aufblühen, der letzte Sturm."

- Belladonna C30: Bei Fieber oder Euphorie.
- Arsenicum album C30 oder C200: Bei Kälte, innerem Zittern, Angst. Anwendung: Arsen in die eigene Hand nehmen und den Sterbenden mit der anderen Hand halten. Weitere Anwendungsvariante wie oben.
- Ceanotus C30: Bleierne Erschöpfung.
- Cinis ligni C30 (Cinis ligni – Holzasche), bei aussichtslosem Kampf, Cinis macht es leichter, es geschehen zu lassen.

Farben

- Rot, wenn der Mensch friert.
- Grün, um zu beruhigen bei Desorientierung
- Blau zur Beruhigung und Schmerzlinderung
- Holz, auch als Essenz in der Potenz D1 als Spray oder Tropfen. Anwendung: Ein Stück Holz hinlegen, als Essenz oder leichte Kompresse auf die Stirn.
    - Erle hebt den Menschen durch den Schleier hindurch, Schutzbaum für den Ätherbereich.
    - Als Essenz eignet sich Hasel oder Erle (Alnus serrulata C30 oder C200 als Alternative zur Erle).

Luft-Element

„Die Ruhe nach dem Sturm."

- Beten, Beten, Beten
- Farbe Grün: Regeneration, ausgleichend, hilft Gefühle zuzulassen.
- Kommunikation: Auf der inneren Ebene mit dem Sterbenden. Ermutigung weiterzugehen, dem Licht entgegen, den Körper loslassen.

- Tagsüber Fenster abdunkeln, Spiegel abhängen.
- Holz, auch als Essenz in der Potenz D1 als Spray oder Tropfen.
    - Haselnuss, führt hinüber an das Tor des Lebens.

Äther

„Prana, Lebenskraft, alles fließt in die Uressenz zurück.“

- Mindestens eine Woche lang ein Ritual durchführen.
- Neunundvierzig Tage Beten und Schutz geben.
- Kommunikation
- Inneres Zusprechen
- Ermutigung beim guten Licht zu bleiben.
- Farbe Violett: Transformierend, innere Ruhe gebend.
- Holz oder als Essenz:
    - Holunder bringt Himmel und Seele zusammen sowie den Körper mit der Erde, ist das Tor zur geistigen Welt. Anwendung: Ein Stück Holz hinlegen oder die Essenz D1 in die Nähe stellen.
- Foto des Verstorbenen aufstellen.
- Kerze anzünden, Blumen hinstellen, beide geben Ätherstoff ab.

Im Vertrauen auf das Geistige,
gehe getrost weiter deinen Weg.
Halte jederzeit die Verbindung zu deinem Herzen.
So segne ich deinen Weg.

Anhang

Vorsorgeordner, den Angehörigen zuliebe

Bei einem Todesfall sind viele Formalitäten zu erledigen. Um entscheiden zu können, welche selbst übernommen und welche an ein Bestattungsinstitut delegiert werden können, führe ich im Folgenden sämtliche notwendigen Schritte punktuell auf. Viele der bei einem Todesfall benötigten Dokumente können in einem ergänzenden Vorsorgeordner gesammelt werden. Dieser sollte sorgfältig zu Hause aufbewahrt oder einer entsprechenden Vertrauensperson übergeben werden. In Ausnahmefällen kann der Vorsorge-Ordner bei einem ausgesuchten Rechtsanwalt oder einem Notar des Vertrauens abgegeben werden. Wichtig ist vor allem, die engsten Bezugspersonen über den Standort der Dokumente zu informieren.

- Persönliche Dokumente
- Bestattungs-Vorsorgevertrag
- Unterlagen zur Sterbegeldversicherung
- Unterlagen zu Treuhand-Einlagen, inklusive Ausfallbürgschaft
- Bestattungswünsche, Bestattungsart
- Unterlagen zur Grabstätte
- Unterlagen zum Grabpflegevertrag
- Rentenunterlagen
- Unterlagen zur Krankenkasse
- Unterlagen vom Versorgungsamt, Schwerbeschädigtenausweis
- Unterlagen zu Mitgliedschaften (Zeitschriften-Abos)
- Anschriften und Codes zu Digitalzugängen, Bank, Post, Digitalauftritt
- Testament/Erbvertrag
- Vorsorgevollmacht, Allgemeine Vorsorgevollmacht für die Bestattung
- Betreuungsverfügung
- Patientenverfügung, allgemein
- Eine spirituelle Patienten-, Pflege- und Bestattungsverfügung (Diese deckt obige Verfügungen ab, weil sie darüber hinaus auch beinhaltet, wie eine spirituelle Begleitung gewünscht wird.)
- Verfügung zur Organspende
- Angaben zu den Vermögensverhältnissen
- Adressen von Angehörigen
- Bankvollmacht über den Tod hinaus
- eine Generalvollmacht, nur zu Lebzeiten

Literatur

Bausewein, Claudia, Simader, Rainer: *99 Fragen an den Tod.* Droemer Verlag, 2020.

Domenico, Gian: *Über das Sterben.* Verlag C.H.Beck, 2012.

Döring, Dorothee: *Sterbende liebevoll begleiten.* Butzon & Bercker, 2018.

Emoto, Masaru: *Die Botschaft des Wassers.* Koha Verlag, 2010.

Feichtner, Angelika: *Palliativpflege.* Facultas Verlag, 2018.

Freund, Lisa: *Geborgen im Grenzenlosen.* O.W. Barth Verlag, 2012.

Huber, Gudrun, Casagrande, Christina: *Sterben begleiten.* Thieme Verlag, 2011.

Kübler-Ross, Elisabeth: *Was wir noch tun können.* Kreuz Verlag, 1974.

Kübler-Ross, Elisabeth: *Über den Tod und das Leben danach.* Silberschnur Verlag, 1989.

Mihm, Dorothea: *Verbunden bis zuletzt.* Arkana Verlag, 2019.

Mihm, Dorothea, Bopp, Annette: *Anleitung zum guten Sterben.* Goldmann Verlag, 2015.

Mihm, Dorothea, Bopp, Annette: *Die sieben Geheimnisse guten Sterbens.* Goldmann Verlag, 2017.

Moody, Raymond A.: *Leben nach dem Tod.* Rowohlt Verlag, 22. Aufl. 2021.

Renz, Monika: *Hinübergehen.* Kreuz Verlag, 2012.

Rinoche, Sogyal: *Das tibetanische Buch vom Leben und Sterben.* O.W. Barth Verlag, 1993.

Sitte, Thomas: *Ratgeber Lebensende und Sterben.* Springer Verlag, 2018.

Sonnenschmidt, Rosina: *Exkarnation – Der große Wandel.* Verlag Homöopathie, 2002.

Stadelmann, Ingeborg: *Bewährte Aromamischungen.* Stadelmann Verlag, 2001.

Über den Autor:

Raffael Boriés wurde in Deutschland geboren. Er lebt und arbeitet in der Schweiz und führt eine Praxis für therapeutisches Heilen und Sterbe- und Trauerbegleitung. Er veröffentlicht auch Bücher zu diesen Themen.

Neben der hauptberuflichen Tätigkeit als Heiler und Kursleiter hat Raffael Boriés sich immer wieder mit der Malerei beschäftigt. Studienreisen führten ihn nach Nepal, Ägypten, Brasilien und nach Indien. Seine Bilder als Kunstmaler und Fotograf waren in zahlreichen Ausstellungen zu sehen.

Prägend waren die Begegnungen mit Elisabeth Haich und Selvarajan Yesudian. Durch sie erhielt er wertvolle Impulse für eine spirituelle Lebensweise.

Wesentliche Schulung erhielt er von Tom Johanson und Inspiration durch Harry Edwards. Beide waren bedeutende Persönlichkeiten der englischen Geistheiler-Tradition.

www.raffaelbories.com